U0508803

制度、名物与史事沿革系列

屯田史话

A Brief History of
Soldier-Peasant Joint Reclamation of
Wastelands in Ancient China

张印栋 / 著

社会科学文献出版社
SOCIAL SCIENCES ACADEMIC PRESS (CHINA)

图书在版编目（CIP）数据

屯田史话/张印栋著．—北京：社会科学文献出版
社，2012.3
（中国史话）
ISBN 978 – 7 – 5097 – 3056 – 0

Ⅰ.①屯… Ⅱ.①张… Ⅲ.①屯田 – 史料 – 中国 – 古
代 Ⅳ.①F329.02

中国版本图书馆 CIP 数据核字（2011）第 276150 号

"十二五"国家重点出版规划项目

中国史话·制度、名物与史事沿革系列

屯田史话

著　　者／张印栋

出 版 人／谢寿光
出 版 者／社会科学文献出版社
地　　址／北京市西城区北三环中路甲 29 号院 3 号楼华龙大厦
邮政编码／100029

责任部门／人文分社 （010）59367215
电子信箱／renwen@ ssap. cn
责任编辑／周志宽
责任校对／王琛炀
责任印制／岳　阳
总 经 销／社会科学文献出版社发行部
　　　　　（010）59367081　59367089
读者服务／读者服务中心（010）59367028

印　　装／北京画中画印刷有限公司
开　　本／889mm×1194mm　1/32　印张／5.625
版　　次／2012 年 3 月第 1 版　字数／111 千字
印　　次／2012 年 3 月第 1 次印刷
书　　号／ISBN 978 – 7 – 5097 – 3056 – 0
定　　价／15.00 元

总　序

　　中国是一个有着悠久文化历史的古老国度，从传说中的三皇五帝到中华人民共和国的建立，生活在这片土地上的人们从来都没有停止过探寻、创造的脚步。长沙马王堆出土的轻若烟雾、薄如蝉翼的素纱衣向世人昭示着古人在丝绸纺织、制作方面所达到的高度；敦煌莫高窟近五百个洞窟中的两千多尊彩塑雕像和大量的彩绘壁画又向世人显示了古人在雕塑和绘画方面所取得的成绩；还有青铜器、唐三彩、园林建筑、宫殿建筑，以及书法、诗歌、茶道、中医等物质与非物质文化遗产，它们无不向世人展示了中华五千年文化的灿烂与辉煌，展示了中国这一古老国度的魅力与绚烂。这是一份宝贵的遗产，值得我们每一位炎黄子孙珍视。

　　历史不会永远眷顾任何一个民族或一个国家，当世界进入近代之时，曾经一千多年雄踞世界发展高峰的古老中国，从巅峰跌落。1840年鸦片战争的炮声打破了清帝国"天朝上国"的迷梦，从此中国沦为被列强宰割的羔羊。一个个不平等条约的签订，不仅使中国大量的白银外流，更使中国的领土一步步被列强侵占，国库亏空，民不聊生。东方古国曾经拥有的辉煌，也随着西方列强坚船利炮的轰击而烟消云散，中国一步步堕入了半殖民地的深渊。不甘屈服的中国人民也由此开始了救国救民、富国图强的抗争之路。从洋务运动到维新变法，从太平天国到辛亥革命，从五四运动到中国共产党领导的新民主主义革命，中国人民屡败屡战，终于认识到了"只有社会主义才能救中国，只有社会主义才能发展中国"这一道理。中国共产党领导中国人民推倒三座大山，建立了新中国，从此饱受屈辱与蹂躏的中国人民站起来了。古老的中国焕发出新的生机与活力，摆脱了任人宰割与欺侮的历史，屹立于世界民族之林。每一位中华儿女应当了解中华民族数千年的文明史，也应当牢记鸦片战争以来一百多年民族屈辱的历史。

当我们步入全球化大潮的 21 世纪，信息技术革命迅猛发展，地区之间的交流壁垒被互联网之类的新兴交流工具所打破，世界的多元性展示在世人面前。世界上任何一个区域都不可避免地存在着两种以上文化的交汇与碰撞，但不可否认的是，近些年来，随着市场经济的大潮，西方文化扑面而来，有些人唯西方为时尚，把民族的传统丢在一边。大批年轻人甚至比西方人还热衷于圣诞节、情人节与洋快餐，对我国各民族的重大节日以及中国历史的基本知识却茫然无知，这是中华民族实现复兴大业中的重大忧患。

中国之所以为中国，中华民族之所以历数千年而不分离，根基就在于五千年来一脉相传的中华文明。如果丢弃了千百年来一脉相承的文化，任凭外来文化随意浸染，很难设想13亿中国人到哪里去寻找民族向心力和凝聚力。在推进社会主义现代化、实现民族复兴的伟大事业中，大力弘扬优秀的中华民族文化和民族精神，弘扬中华文化的爱国主义传统和民族自尊意识，在建设中国特色社会主义的进程中，构建具有中国特色的文化价值体系，光大中华民族的优秀传统文化是一件任重而道远的事业。

当前，我国进入了经济体制深刻变革、社会结构深刻变动、利益格局深刻调整、思想观念深刻变化的新的历史时期。面对新的历史任务和来自各方的新挑战，全党和全国人民都需要学习和把握社会主义核心价值体系，进一步形成全社会共同的理想信念和道德规范，打牢全党全国各族人民团结奋斗的思想道德基础，形成全民族奋发向上的精神力量，这是我们建设社会主义和谐社会的思想保证。中国社会科学院作为国家社会科学研究的机构，有责任为此作出贡献。我们在编写出版《中华文明史话》与《百年中国史话》的基础上，组织院内外各研究领域的专家，融合近年来的最新研究，编辑出版大型历史知识系列丛书——《中国史话》，其目的就在于为广大人民群众尤其是青少年提供一套较为完整、准确地介绍中国历史和传统文化的普及类系列丛书，从而使生活在信息时代的人们尤其是青少年能够了解自己祖先的历史，在东西南北文化的交流中由知己到知彼，善于取人之长补己之短，在中国与世界各国愈来愈深的文化交融中，保持自己的本色与特色，将中华民族自强不息、厚德载物的精神永远发扬下去。

《中国史话》系列丛书首批计200种，每种10万字左右，主要从政治、经济、文化、军事、哲学、艺术、科技、饮食、服饰、交通、建筑等各个方面介绍了从古至今数千年来中华文明发展和变迁的历史。这些历史不仅展现了中华五千年文化的辉煌，展现了先民的智慧与创造精神，而且展现了中国人民的不屈与抗争精神。我们衷心地希望这套普及历史知识的丛书对广大人民群众进一步了解中华民族的优秀文化传统，增强民族自尊心和自豪感发挥应有的作用，鼓舞广大人民群众特别是新一代的劳动者和建设者在建设中国特色社会主义的道路上不断阔步前进，为我们祖国美好的未来贡献更大的力量。

陈奎元

2011 年 4 月

目 录

引 言

　　屯田是政府直接组织劳动者进行生产经营的农业生产形式，它产生于西汉武帝时期，是中国社会的经济、政治和军事发展到一定阶段的产物。春秋、战国以来，农业生产力的大幅度提高，为屯田的产生奠定了物质基础；秦以来专制主义中央集权政治体制的建立和发展，则为屯田的产生提供了政权组织的保证。到汉武帝时，为适应对匈奴战争的需要，政府组织移民、田卒和军士进行农业生产，开发河套、河西地区，生产粮食，直接供应前线军队的需要，从而开创出屯田这一农业生产形式。

　　通过屯田，西汉政府成功地加强了军队的战斗力，开发了西北地区，打败了匈奴，效果十分明显，因而受到后人的高度重视。其后，历代统治者为取得军事上的主动权，加强边防，特别是在战乱年代或与少数民族发生大规模战争时，往往开办屯田；在大乱之后，社会经济遭受严重摧残时，有的统治者也推行屯田，把屯田当作恢复和发展社会经济的重要手段。因而，屯田制度不断发展，至明代达到顶峰。

从劳动者的身份来看，屯田有如下几种：比较普遍的是利用军队开展的军屯，这是最典型的屯田；有时，政府也招募或迁徙国家编户民人到指定地点进行屯田，是为民屯；明清时期还有一些商人参与屯田，这是比较特殊的商屯；清代在新疆还有维吾尔人进行的屯田，称作回屯。

历代屯田有如下共同特点。

第一，屯田是有组织的行为。历代政府都设置屯田官和一套独立的屯田管理机构，直接管理和经营屯田。

第二，屯田基本上是有计划的行为。历代政府对拨给的土地、劳动力、种植的粮食品种、收获量的分配等都有较明确的计划性，唐代甚至对各种农作物的耕种、收获时间都有具体的规定，其计划性就更明显。

第三，一般说来，历代政府开办屯田往往是强制军队或农民进行，即使是招募，也往往是强制性的，真正出于劳动者自愿的是少数。

第四，政府一般供给屯田劳动者土地、耕牛、农具、种子等，但征收的屯租往往比民田重；屯田劳动者一般免除劳役，但随着封建政治的腐败，屯田劳动者所受的剥削越来越重。

第五，屯田有其落后性。通过屯田，封建政府能够在短期内把大片荒地开垦为农田，但政府强制劳动者进行屯田，派官员直接监督其生产，对劳动者的人身束缚比对普通农民更加严厉。随着封建人身依附关系越来越松弛，屯田劳动者的人身依附关系虽也日趋松弛，但仍远不如普通农民自由。

总之，屯田不同于一家一户的、分散的、个体的、小农的自然经济，特点极其鲜明。

屯田一般都是出于一时的需要而开办的，一旦条件发生变化，屯田也就往往随之衰落或撤销。明代的军屯一开始就被作为"经国之运图"，并维持到清中叶，但实际上它在明中叶就已开始衰败。造成屯田衰败的原因，除了屯田兴起的条件发生变化之外，还有官僚地主对屯地的隐占兼并、各类人口对屯地的典卖、屯田劳动者的不断反抗及屯田制度本身的弱点等。显然，屯田的盛衰与封建政治和军事的盛衰变化有直接关系。到 20 世纪初，清朝被推翻，屯田也随之化为历史的陈迹。

需要说明的是，史学界对屯田制度本身有不同的理解，有人把分散的、个体的垦荒也看作是屯田。我们认为，这类垦荒与屯田不同，后者是由政府直接组织经营的农业生产活动。

另外，我国古代不同时期、不同地区的度量衡不尽相同，甚至同一时期、同一地区也不同，情况相当复杂，所以，书中的许多数字并不等同于现代的数字。

一　汉代的屯田

 河套和河西地区的屯田

（1）屯田的产生。

中国的农业直到夏、商、周时代仍处于十分低下的阶段。到春秋、战国时，我国社会由青铜器时代过渡到铁器时代，铁器开始应用于农业生产，铁制农具和牛耕出现并逐步得到推广，大量荒地被开垦出来，农业产量不断提高，农业科学技术也有了很大进步，出现《神农》、《野老》、《后稷农书》、《吕氏春秋》（部分内容）等农书和一批重农主义思想家及许行等农业实践家；同时，农田水利事业飞速发展，出现白渠、郑国渠、都江堰等著名的大水利工程；而作为生产力中最活跃因素的从业人员，数量也大幅度增加，出现了邯郸、大梁、郢和咸阳等著名城市，临淄更是人口多达 7 万户的大都市。所有这些都表明，春秋、战国时，社会生产力有了巨大的进步，农业生产发展到一个新的阶段。西汉时，社会稳定，农业工具得到改进，牛耕被进一步推广，出现了代田法等新的农业生产技术，农业生产力得到提高。到汉武帝时，社会经济进入繁荣发展的阶段，社会人口数量迅速上升。到西汉末年，人口已达 1220 万户、5950 万人，其中农业人口最多。农业生产力得到提高，是屯田之所以产生的物质基础。

屯田的直接组织者和经营者是封建政府。夏、商、周时的奴隶制政府尚不够健全，也很松散，周代的分封制更直接导致了春秋、战国时期诸侯争霸的局面。随着地主阶级的产生和迅速成长，政权逐步落入其手。秦统一中国后，不仅扩大了疆域，而且建立了统一的（专制主义）中央集权的封建政治体制，皇帝获得了统治（全体）臣民的绝对权力，我国的政治体制发展到一个新的阶段。汉武帝时，消除了诸侯王对中央的威胁，进一步强化了专制主义中央集权的体制和君主的权力。专制集权体制的建立和发展，使得中央政府有能力组织各种大规模的行动，成为大规模屯田的政治和组织保障。

屯田之所以产生于汉武帝时，与当时的政治、军事形势有密切的关系。秦、汉时，匈奴崛起于北方，先后灭破东胡，击走月氏（音 yuè zhī），吞并楼烦白羊河南王，夺取河套地区，与西汉故河南塞即秦朝所修建的长城相接壤，距西汉都城长安 700 多里，匈奴常常南下威胁汉朝。公元前 200 年，汉高祖刘邦亲率 32 万大军北击匈奴，被困于平城白登山，几乎全军覆没。汉廷无力与匈奴抗争，只好把公主嫁给匈奴单于，利用"和亲"来维持和平局面，但匈奴仍不时南下骚扰（汉朝）。公元前 166 年，匈奴 14 万骑直逼长安，火烧回中宫，震动了长安城。在这种情况下，汉廷只得先巩固内部，充实关中，加强故河南塞。刘邦曾把七国贵族之后和豪民 10 余万人迁到关中；文帝采纳晁错的建议，募民徙居塞下，耕田输粟。

经过 80 年的休养生息，到汉武帝（公元前 140～前 87 年）时，社会经济繁荣，人口猛增，士马精劲，国力达到了顶峰。好大喜功的汉武帝决心击败匈奴，改变军事上的被动挨打局面，自公元前 129 年开始，派大军主动出击匈奴。公元前 127 年，汉军击败匈奴，把匈奴逐入黄河以北和以西的地区，占领了河套地区。为了保证对匈奴作战的顺利进行和最终取得胜利，巩固河套地区，减少财政开支和浪费，汉廷决定开发河套，就地解决军粮问题。在占领河套的当年，汉廷在河套设立朔方、五原二郡，采纳主父偃的建议，募民 10 余万人徙居朔方。后又设立西河郡，把 70 万内地贫民迁移到河套。到元鼎六年（公元前 111 年），朔方、上郡、西河、五原、北假等地都设置了田官，用几十万贫民、戍卒、田卒进行屯田耕垦，就地生产粮食，直接供应前线军队的需要。一时间，荒凉的河套地区变得颇为繁荣，赢得了"新秦中"的美誉。

在此基础上，汉军又向河西进军。公元前 119 年，汉军把匈奴势力驱入漠北，河西成了空白点。不久，汉朝的屯田活动开始向西移动。元封六年（公元前 115 年），汉武帝决定首先开发河西地区。汉廷在河西先后设置了张掖、酒泉、武威、敦煌等郡，徙民定居，并用"戍田卒"开展大规模屯田。昭帝时,又调"故将吏屯田张掖郡"。昭、宣时,居延地区有两大屯田基地:一是大湾附近的骍马田官,一是瓦因托尼及附近地区,两地都有成千的田卒从事屯垦,规模很大。从武帝开发河西,历经昭、宣,到西汉末,从玉门直到罗布淖尔,都有刑徒和军士进行屯田,且已经卓有成效了。当时,从令居西到玉门、罗布淖尔,北到额济纳河上游、居延泽,在相当广阔的河西地区内,汉廷展开了各种形式的屯田。在开发河西的基础上,汉军进军西域,破姑师,掠走楼兰王,两次出征大宛,从而为进一步开发西域打下了基础。

(2)河套、河西屯田的劳动者及其管理机构。

汉代在河套、河西屯田使用的劳动者不仅有移民,包括豪民、贫民、刑徒及其家属等,还有田卒、戍卒、军士等。

移民 汉武帝继承秦朝的作法,把移民实边当作开发河套、河西地区的重要手段,直到东汉末从未间断。武帝时,先后于元朔二年、元狩二年和三年、元鼎六年,数次大规模、集团式地往河套、河西移民,其总人数达100万人以上。武帝以后,移民的方式改变为零散地迁移。这种方式多用于惩办不法分子,对付罪人及其家属,直到东汉末年仍在继续推行。总的来看,汉代被迁到河套、河西的移民有下列三种人:一是豪民。迁徙豪民多在武帝时,如元狩五年"徙天下奸猾吏民于边",居延汉简也证明张掖、居延等地确有王护等富豪。文帝时,实行招募豪民"入粟塞下";

武帝则改为"耕边入谷",应募的豪民在边地耕种,收获谷物交给当地政府,然后再到京师领取粮价。二是贫民。贫民包括流民,是汉代徙往河套、河西的主要对象和屯田主力。这些贫民有的得到了小块土地,成了自耕农;有的承租官田,成了国家的佃户;也有的流入私家,成了私人奴婢或佃农,而且越到后来流入私家的越多。三是移民。均为罪人及其家属。汉代迁往河西的罪人有弛刑、复作、徒、髡钳城旦等,他们的迁徙与一般贫民不同,有人押送,有人接收。到河西后,他们有的服劳役,有的分到田官那里参加屯田,称为弛刑屯士。过了一定期限后,他们自然就成了边民,而他们的妻子儿女则在迁徙来之初就已作为编户齐民了。上述这些移民,不管是哪种人,一旦在边地占籍,按汉代的法律,就不准再返回内地,即使立了大功,也难以返回。所以,移民们常常采取逃亡的办法来对抗汉政府,但汉政府屡次将逃亡的移民遣返回边地。汉政府就是这样,一边移民边地屯垦,一边严禁移民返回内地,以此来保证边地屯田的劳动力。

田官和田卒 田官是管理屯田的机关,其上级为农都尉和护田校尉,后者的职责是统领骑兵保护屯田。农都尉与护田校尉分属两个系统。田官的首领是农令,与县令、侯并列,并且也有辅佐政事的丞。田官的下一级机关是长官和丞官,其首领分别是长和丞,并且都配备有负责书记的官,称作别田令史。田官之下最底层的是田卒和弛刑屯士,一个长官或丞官所管辖的田卒数目一般为数十名或百余名。

田官管辖的主要劳动力是田卒。田卒是一年一更戍边的力役，一般从农业区征集而来，成批地集中于田官，由各郡供给正月至八月的衣食、耕垦边境的荒地。他们获得的全部收成都要缴公，这实质上是编户齐民向汉政府提供的劳役地租。田卒不需要携带家属，也可以自己出钱雇人代役。

田官屯田隶属大司农管辖，是有组织、有计划的行为，因此，它能得到充足的铁制农具和耕牛。汉简中就曾提到"铁器簿"，赵充国屯田时也曾"谨上田处及器用簿"。田官中有专门饲养耕牛的田卒，耕牛的数量十分可观，因而需要编成籍簿（详细登载每条牛的特征），上报田官。当时，内地尚有些地区不知牛耕，而河套、河西的牛耕却已十分普遍了。为便于兴修水利，田官控制着数以千计的田卒，如田卒不足，政府还调集戍卒来修渠挖井。总之，田官的设置，保证了以强大的人力物力和先进的生产工具与技术来进行屯田，从而为开发河套、河西作出了巨大贡献。

戍卒　戍卒也是服役的编户齐民，其主要职责是候望。平时，戍卒分散在各烽燧，瞭望敌情，传递烽火，巡视屯田。在边事不紧时，戍卒常被抽调出来参加屯田生产，这部分戍卒叫省卒。省卒常被派去为大司农伐茭，为田官修渠。另外，他们也在烽燧附近开垦菜田，个别烽燧还把田地分给戍卒开垦。有的戍卒带有家属，家属都登记在册，由官府供应口粮，不论男女，七岁以上的都要服役，其总人数也不在少数。戍卒中也有当地人，他们当中有许多人一边戍守，一边种私田，一旦被发现，常遭惩罚。戍卒的主要任务是候望，但每年都有数千名戍卒参加屯田，他们同样为开发河套、河西作出了贡献。

汉朝依靠军事力量占领了河套、河西，并从经济入手，把大量人口迁移到西北边陲，开办屯田，进行大规模的垦荒活动，这比从内地转输粮食简便节省得多。同时，屯田把中原地区先进的农耕经济推行到西北，使西北与内地以同样的脉搏一起跳动，从而成功地开发了河套和河西地区，对后代历史产生了巨大的影响。

 汉代的军屯

田卒和戍卒虽分属不同的系统，但他们都不是军队，他们的屯垦虽常被称作军屯，实际上却不是军屯。真正的军屯应是作战部队的屯田。汉代军屯始于西域地区。到王莽末、东汉初，军屯制得到了推广。

（1）西域屯田。

西域军屯首先建立在轮台。轮台又称仑头，地处汉通龟兹、乌孙等地的要道，是沙漠中的一片绿洲。太初三年（公元前102年），贰师将军李广利第二次征伐大宛，屠灭轮台。不久，汉朝仿照河西、河套的屯田形式，在轮台设立西域第一个屯田点，以供给往来西域的使臣。征和四年（公元前89年），汉军破车师，桑弘羊等人建议把轮台屯田扩大到渠犁，但武帝并未采纳这一建议。昭帝（公元前87～前74年在位）时，鉴于西域的军事需要，昭帝采纳了桑弘羊的建议，以西域人杆弥太子赖丹为校尉，率兵士在轮台到渠犁屯田，这是汉代第一次使用军队屯田。但不久，赖丹为龟兹所杀，这次屯田也就失败了。这时，匈奴却仿效汉军的作法，派4000名骑兵屯田车师，威胁西域诸国。宣帝地节三年（公元前67年），汉廷派郑吉、司马熹率免刑罪人即弛刑屯士到渠犁屯田，连续两年获得丰收。随后，司马熹把1500名弛刑屯士编为军队，联合西域诸国攻陷车师。这是汉廷首次把田卒与正规军合而为一，也是在西域特殊地理条件下所做的变通，它导致后来使用军士屯田，因此汉代是军屯之始。

位于天山南北的车师土地肥沃，是汉与匈奴的必争之地。汉军攻下车师后，派军队在车师屯田。几年后，车师为匈奴所占，屯田停罢。此后两汉朝廷数次在西域设戍己校尉，在车师开展军屯。延光二年（公元123年），东汉政府任命班勇为西域长史，率弛刑屯士500人在车师柳中屯田。后来因车师后部王阿罗多叛汉，围攻柳中屯田，致使屯田衰落下来。

永平十六年（公元73年），为了攻取车师，东汉大将窦固夺取伊吾（又称伊吾庐，今新疆哈密），设置宜禾都尉，开办屯田。章帝建初二年（公元77年），汉廷停罢伊吾屯田。和帝永元二年（公元90年），汉军再占伊吾，两年后复设军屯，并一直维持到安帝初年。顺帝永建六年（131年），汉廷又在伊吾建立军屯。到公元151年，匈奴攻占伊吾，伊吾屯田遂废。

除了轮台、渠犁、车师、伊吾等屯田点外，汉昭、宣、成三帝也曾在西域鄯善的伊循、乌孙的赤谷城及焉耆、北胥鞬、披莎车、姑墨等地，开办辅助性的屯田，以扶植西域诸国对抗匈奴，控制西域。

总之，西域屯田与河套、河西屯田不同，它是在轮台、渠犁、车师、伊吾等几个具有战略意义而又土地肥沃、利于灌溉的据点上进行的，没能由点扩展成面，也未设立郡县，而是通过点线形式，形成一个对西域的控制网。西域屯田的形式也很单一，基本上采取田卒和军队合一的军屯形式。屯田卒农时生产，战时作战，兵农合一。在当时路途遥远、交通不便、补给困难的情况下，汉廷不靠从内地增派军队，而是靠几千屯田卒在西域屯田，联合西域亲汉力量，攻破车师、莎车，迎降匈奴日逐王，击灭匈奴郅支单于，从而用最经济的办法，达到了削弱匈奴、控制西域的政治目的。更重要的是，屯田把先进的农耕经济推广于西域大漠，屯田收获的粮食不仅供给屯田吏卒，也资助西域各国，这就诱使西域和匈奴人积极从事农耕，学习汉朝先进的技术，从而大大加速了西域的开发进程。汉廷并未把西域纳入其版图，但它在西域的屯田及其他活动，却使西域与中原王朝的联系大大加强了，从而为西域各民族融合于中华民族的大家庭中作了准备。

（2）羌边屯田。

汉代来自周边的威胁有二：一是匈奴，一是羌。武帝时，羌就曾勾结匈奴攻打汉令居塞。此后，羌不断威胁汉朝，到东汉时更给汉造成了几次大灾患。

宣帝神爵元年（公元前61年），西汉大将赵充国等奉宣帝之命，率6万军队去平定羌乱。到达羌边后，赵开始在羌边进行屯田，准备不战而逼降羌人。其屯田地点在今青海西宁以西至乐都县以东，即从湟水上游东至浩亹水的沿河谷地，屯田土地在20万亩以上。屯田卒包括罪犯、募民以及来自淮阳、汝南的步兵和将士的私从部属，总数达1万多人。赵充国认为，屯田有12个优点，主要有两个：第一是屯田后，出征的骑兵可以撤回，节约了军费，使粮食消耗只有原来的1/10；第二是汉军在羌人故地屯田，迫使羌人逃到风寒之地，缺少粮食，最终只有投降，赵的第二个目的也达到了。屯田的第二年，5万羌人投降了3.1万多人，战饿而死的达1万多人，仅余4000人，赵大获全胜，遂"振旅而还"。

汉在河套、河西的屯田是为了拓地垦荒，西域屯田是为了收获粮食，赵的羌边屯田则不同，仅仅是一种军事上的应变措施。赵把1万步兵临时改编成戍田卒，只屯田了两个月就罢兵了，根本未收获粮食，因此，与其说赵的屯田是经济手段，不如说是军事攻防策略。赵也把这次屯田看成是"兵势"，这足以成为后人的楷模。后人屯田，往往会仿照赵充国，但他们的目的仅在于使处于饥荒战乱之中的军队自给自足，而忘了他提出的军事战略思想。赵若地下有知，一定会深感遗憾。

元帝永光二年（公元前42年），陇西羌人叛乱，为汉将冯奉世所平定。同年，元帝下令撤兵，并留兵在要害地区屯田，以防备羌人。这次屯田地点并不明确，估计在首阳、白石、临洮，即洮水沿岸。与赵充国的屯田不同的是，它是在平乱后实行的，纯粹是防御性质，屯田吏卒代替了戍卒的作用。

光武帝建武以后，羌乱不断，汉在羌边的屯田，无论是在地域上还是在规模上都相应地发展起来。和帝永元十四年（公元 102 年），汉镇压了烧当羌叛乱，在烧当羌故地西海（今青海湖）和大小榆谷开设屯田，以曹凤为金城西部校尉，率领"徙士"屯龙耆城，以上官鸿为金城长史，统领归义、建威屯田 27 部，后校尉侯霸屯东西邯、逢留。这次屯田规模相当大，其目的，一是要对付羌乱，一是植谷富边，以节省物资的输送和人力。可以说，这是第一次从经济上着眼的羌边屯田。这次屯田一直持续到公元 107 年羌人暴动才告停止。顺帝永建四年（公元 129 年），汉军重新在陇西、金城、安定、北地、上郡等地开渠屯田。次年，又在赐支河到逢留大河之间屯田，以迫压羌人。永和五年（公元 140 年），羌人再次暴动，屯田被迫停罢。此外，顺帝时在武都郡、灵帝时在汉阳郡等羌边地区也兴办过屯田，但详情不知。

两汉政府在羌边实行的屯田，无不与镇压羌人的叛乱有关，参加屯田的多是平乱的士兵，是名副其实的军屯，这对开发羌边起了重要作用。

（3）东汉初年的内郡屯田。

王莽时，天下大乱，天灾不断，百姓流离，田地荒芜，粮食奇缺，物价飞涨，百姓挨饿，军队缺饷，情况十分严重。为解决生存问题，东汉初年，军队纷纷在各地开办屯田。

大将军鲍永就任命冯衍为立汉将军，屯田于太原，即汾水沿岸。随割据的隗嚣之子隗恂入质洛阳的马援看到三辅地旷土沃，于是请求在上林苑屯田。马援屯田依赖的是他拥有的熟悉农牧业的数百名私兵和部曲（即宾客），带有军屯的性质。光武帝刘秀可能是受到马援的启发，在建武六年（公元 30 年）也下令各地的军队一边作战，一边屯田。

遵照刘秀的命令，诛虏将军刘隆屯田于武当，前将军李通屯田于顺阳，捕虏将军王霸屯田于新安和函谷关，在此前后，张纯又率骑兵屯田于南阳。

武当、顺阳、南阳都在南阳郡，汉军屯田于此，可以扼守江淮，稳定荆、徐、扬三州。新安、函谷关则是关中和洛阳之间的门户，在这里设立屯田可以拱卫京师洛阳。更重要的是，从当时的形势来看，上述屯田还出于经济目的，以便解决军粮问题。这五处屯田土质肥沃，位于河流沿岸，利于灌溉，屯田效果十分明显。

随着内地局势的稳定，光武帝把注意力转向对外族的防御上，把军屯推进到边境地区。建武七年（公元 31 年），刘秀命杜茂屯田于晋阳广武。建武十一年（公元 35 年），汉廷在金城郡开导水田，进行耕牧。次年，杜茂、段忠屯田于北边。建武二十一年（公元 45 年），汉廷在边地建立 3 营，屯田植谷，并调发罪犯配合屯田。建武二十七年（公元 51 年），臧宫、马武在北边开办屯田，以防备"北狄"。西汉末，版图缩小，光武帝在上述"边地"推行的屯田，不过是由郡的近边处逐渐向边地推进而已，严格地讲，还是属于内郡，真正的边地屯田如朔方、五原、河西、羌边和西域等地，都是在明帝以后才恢复发展起来的。

东汉初年的内郡屯田，对于恢复残破的中原农业起了一定作用。当时的屯田不仅解决了军饷问题，支持了光武帝的统一战争，而且还缓和了全国粮食短缺的现象。建武六年（公元30年）末，刘秀下诏说，粮食有了一些库存，因此下令废除战时的什一之税，恢复各郡国三十税一的田租旧制。可见，当时军屯的收获相当可观，使得光武帝能够在全国范围内大幅度降低农业税率。

两汉屯田主要是为了适应当时军事活动的需要，因而主要产生和发展于汉廷控制的边境地区及新占领土。屯田不仅为两汉政府在与相邻政权的斗争中取胜，同时也为开发边疆落后地区奠定了物质基础。可以说，屯田是我国古代农业经济和政治体制发展到一定阶段的产物。

二 三国时代的屯田

三国时期，江南屯田由孙吴首创；蜀汉屯田规模最小，但也有特色；比较而言，曹魏屯田规模最大，在我国屯田史上素负盛名。从历史上看，西汉屯田基本推行于边地，东汉把屯田推广到内地，而到东汉末和三国时，边防区和内地屯田更加突出。

 曹魏屯田

东汉末期，由于军阀混战，人口大量死亡，田地荒芜，城邑空虚，粮食奇缺，以致出现千里无人烟、白骨盈于野、人民竞相食的惨状，就连军队也靠吃桑葚、蒲根过活，曹操的军队甚至吃过人肉，社会上也到处都有"啖人贼"捉人吃肉的情况发生，许多军队因此而自行瓦解。在这种严峻的形势下，摆在军事集团首领面前的首要任务不是如何击败敌人，而是要解决军民的生存问题，处理好社会生产，稳定社会秩序。故此，汉代卓有成效的屯田制就被军阀们拿来采用了。

汉灵帝（公元 168～189 年在位）时，庐江太守羊续、汉阳太守傅燮、辽东太守公孙瓒和献帝时的徐州牧陶谦都开办过屯田。

曹操也大致在这时开始实施屯田。公元192年，谋士毛玠向曹操建议"奉天子以令不臣，修耕植，畜军资"。成功的历史经验和现实的逼迫，促使曹操抓紧推行屯田制。

（1）屯田的类别、组织和地域分布。

曹魏屯田有军屯、民屯两类，军屯使用的是士兵，民屯则是招募老百姓。这两种屯田在汉代已出现，到曹魏时又有所发展。

屯田所需的劳动力和生产资料均取于民。曹操破黄巾军，解除其武装，利用他们的农具，强制他们到许都屯田，把他们变成了兵户和屯田户。

兵户不入民籍，称作"士家"，他们只能在内部通婚。这种士家制度的建立，是为了保证曹魏政权有足够的人力从事作战和耕田。士家制下，田兵的一个重要来源是收编农民起义军。如曹操破黄巾军后，将他们收编为青州兵。战争中夺得的民户，也可能有相当一部分成为士家。如曹操攻下汴州，把1万多丁壮改编为义从。公元215年，曹操把汉中8万百姓迁到洛阳和邺城。

士家身份是世袭的士兵。曹操曾从军队中分出"带甲之士"屯垦；曹丕也用吏士屯田，命他们闲时耕田，战时从军作战。这些都是军屯，但没有资料可以证明带甲之士都是士家兵户，因此，有人认为曹魏军屯有两种类型。

军屯中成绩最突出的是邓艾的两淮屯田。公元240～

249 年，邓艾在两淮使用边防军屯田，5 里置 1 营，每营 60 人，且耕且守，自寿春到洛阳，农官兵田相望，鸡犬之声相闻，规模很大。与此同时，征东将军胡质也在青、徐二州修渠通舟，开办屯田，且耕且守，成绩也很突出。

民屯最著名的例子是公元 196 年募民屯田于许都，收获谷物百万石。随后，曹操把民屯推广到各州郡。屯田民如何招募，史无明文。沛南部都尉袁涣见百姓不愿受招募去屯田，多有逃亡，就下令不愿受招募的绝不强迫，只招募自愿去屯田的，百姓因而"大悦"。公元 213 年，曹操要把淮南百姓北徙的消息传出，庐江、九江、蕲春、广陵等地 10 余万百姓十分惊恐，纷纷逃入江东。曹操占领汉中后，把汉中数万民户迁到长安及三辅地区开垦荒地。这些事实说明，屯田民名为招募，实为强征。

军屯、民屯都有一套严密的管理机构。军屯的基层组织者为度支中郎将和度支都尉。文帝时，增设度支尚书主管军屯。此外，也有以都督、刺史掌管的。民屯则按地域大小设有一系列农官为主管，如典农中郎将和典农校尉（与军屯的度支校尉同级）、典农都尉、屯田都尉、绥集都尉，还有典农司马、典农功曹、典农纲纪、上计吏、稻田守丛草吏、屯田掌犊人等。军屯和民屯都统归大司农领导。

军屯、民屯分属两个系统，各不相同。军屯一般在边防区，劳动者是田兵、屯兵、佃兵、士等；民屯多在内地，劳动者称为典农部民、百姓、屯田客、客

二 三国时代的屯田

19

等。不管是军屯还是民屯，都是将劳动者强制编组进行耕作。

典农所属民屯原则上是和郡县分别进行管理的。所以，弘农太守贾逵怀疑屯田都尉窝藏逃亡的农民而去交涉时，都尉就"自以不属郡，言语不顺"。但也有不少地方官直接领导屯田之事。如建安初，扬州刺史刘馥就推行过屯田，曹芳时孟康以弘农太守领典农校尉，后来傅玄也是如此。大致自魏明帝（公元 227～239 年在位）以来，郡守已常兼管屯田事务。但典农官与地方官如何分工，由于缺乏史料，因此难下定论。只能说，曹魏屯田常常军事化，地方官又常兼任军职，两者之间难以仔细区分。

《三国志·魏书》中说，曹魏"州郡例置田官，所在积谷"，这明显夸大了事实。明帝时，曹魏占有司、冀、并、幽、凉、雍、荆、兖、豫、扬、青、徐、秦 13 州，共有 68 个郡，多数未记有屯田。一般来说，典农所属的民屯，以许都、洛阳一带为中心，大致集中于今河南省中部以北和河北省的南部、陕西省的东部和山西省的南部地区。不属于典农的屯田主要是军屯，多分布于边防区，即与孙吴接壤的两淮地区、与蜀汉相连的陕西西部，以及河北北部。

（2）屯田的成果及其剥削方式。

汉末以来的军阀混战，使华北的水利设施遭到严重破坏，为了恢复和发展农业生产，曹魏从一开始就注意兴修水利事业。夏侯惇截断太寿水作陂，郑浑在曹、相二县建陂遏，司马懿奏开成国渠、临晋陂、广漕渠，又与邓艾开淮阳、百尺二渠，在幽州开凿了车箱渠。这些水利设施集中在河南、关中地区，洛阳到淮南的灌溉系统尤为发达，这些正是屯田发展的区域。由于水利灌溉系统发达，使水稻能较大规模地从南方向北方推广，稻谷产量明显增多，水田的产量更是大大高于旱田。直到唐代，这些水利设施仍在为人类造福。

曹魏屯田开始时不求扩大规模，而是提倡精耕细作，从而使粮食产量迅速提高，适时保证了曹军的粮食需求，支持曹魏势力迅速发展，统一北方，进而统一全国。史称曹魏"丰足军用，摧灭群逆，克定天下"，是符合历史事实的。

此外，在官府屯田的带动下，许多地方的农业生产得到了恢复和发展。许多官吏在各地劝民务农，魏明帝也令百姓肆力开垦关内荒地。这些都为农业生产的恢复和发展创造了便利条件，因而在屯田的同时，出现了史书上所说的"四方郡守垦田又加，以致国用不匮"的形势。

以上事实，反映出曹魏屯田取得了相当大的成果。

历代军屯原则上是官府征收其全部生产品，而官府要供给劳动者生产生活的全部费用。曹魏的情况较为复杂。屯田伊始，实行计牛输租，这是牛租。不久，枣祗指出这于国家不利，主张采用"分田之术"，实施分成租，结果引起臣僚间的一场大辩论。最后还是曹操以国家利益为重，任命枣祗为屯田都尉，认真推行分成租制。据后人追述，这种分田之术规定：用官牛耕作的，官府收取收成的六分，劳动者得四分；用私

21

牛的，官私各分一半收成。这种分成租是随收获量的多少按固定比例分成，不管丰歉，官府总能获取或多或少的地租。当时，不仅军屯采用分成制，民屯也是这样。不过，曹魏屯田似乎并未完全实行分成制，胡质在青、徐二州和王昶在南阳新野的军屯似乎是把收获物的全部收归官有，并不与田兵分成。晋人应詹也说，曹魏屯田第一年免税，第二年官民分成，第三年后还要让劳动者交纳赋税。但《三国志》中无法找到类似的说法和实例，其他人的说法也不同。因此，即使应詹所说属实，也不是曹魏的普遍现象。

（3）曹魏屯田的衰败。

屯田劳动者付出了艰辛劳动，却要把一半以上的收成交公，剥削相当严重。曹丕公开承认，屯田百姓面有菜色，衣不蔽体，生活十分悲惨。屯田兵民不仅交纳重租，还要负担各种劳役。曹操时已开始向他们征调赋役，曹丕则有过之而无不及。曹操规定，百姓年届90，才能豁免其家1人的赋役来侍养老人，但当时能活到90岁的人极为罕见，这条规定不过是一纸空文。史载，屯田兵民的赋役有牛肉小赋、修理仓库桥梁、运输租赋、修理道路、装修宫殿房屋等。随着时间的推移，这些赋役不断加重，再加上凶灾疾病，使得在屯田上耕作的人越来越少，以致常发生饥馑现象。有鉴于此，许多官吏上书要求让屯田兵民"专以农桑为务"，保证农业生产，但并未引起政府的多大重视。

民屯本与兵戎无关，但从曹操时始，政府就常征发屯民服兵役。如太医令吉本反曹，颍川典农中郎将严匡就奉命率所部去征讨，这是东汉末时的事。到后来，这类情况愈加严重。魏蜀洮水之战时，曹魏的典农官就率部参战。司马师为收取人心，免除了屯田民的劳役，因而成为别人反对他的口实。

洛阳附近本有大片屯田土地，但到明帝时竟变成了大牧场，皇家还规定杀死禁地中的鹿要偿命并没收其财产，结果导致牧场中的动物四处为害，屯田兵民防不胜防。有的典农官不以农务为急，常派屯田客出外经商赚钱以饱私囊，至于他们遗下的田地，则交给剩下的田客耕种，从而增加了屯田兵民的劳动量。另外，官僚地主常常吞并肥沃的屯田土地。例如，曹爽的亲信何晏、邓飏、丁谧、毕轨、李胜等瓜分了洛阳郊外典农部所属桑田数百顷和汤沐地。曹魏末，曹魏政权把租赁官牛的田客赏赐给臣下。田客被赏赐给官僚后，便免去了官役，所以，他们很乐意投靠官僚，充当佃客。

凡此种种，都使得屯田兵民的生产积极性日益低落。曹魏虽颁布屯田兵民逃亡一律杀头的禁令，却挡不住他们的逃亡。屯田兵民还不断举行武装反抗。早在曹操时，襄贲屯田民吷母、陈仓屯田客吕并等就发动了武装起义。这些起义虽都被镇压，但曹魏的屯田却在屯田兵民持续不断的消极和积极的反抗中衰败下去了。到魏末，屯田所收甚至比种子还少。因此，到公元264年，曹魏被迫下令废除屯田官，使田官与地方行政长官合而为一，废黜民屯。民屯的完全废除是在西晋建国之初完成的，仅仅相隔几年时间。

孙吴屯田

曹魏屯田继承了汉代屯田的传统，而孙吴所处的江东却仍处在待开发阶段。

孙吴拥有扬、荆、交三州，包括今长江中下游和岭南地区。西汉时，江南仍处于火耕水耨的落后状态。两汉之际，大量中原人口避乱南下江南。东汉末，南下的人口更多，从而给南方带去了大量知识分子、劳动力和先进的生产工具与技术，促使南方政治经济较快地发展起来。受其影响，土著越人也日见活跃。吴主孙权在位期间（公元 200～252 年，公元 222 年称吴王），一面联刘抗曹；一面经营内部，其经营内部主要是征讨山越人。经过 50 年的征讨，大批山越人出山降吴，大片地区纳入吴的辖区，吴也在汉代荆、扬、交 3 州 17 郡的基础上，从交州析出广州，共拥有 4 州 47 郡，而县就更多了。

（1）屯田的类别和组织。

孙吴对山越用兵，主要目的在于把山越人变为孙吴治下的军兵和生产劳动力。孙权当权 50 年，攻打山越所得兵员总计 10 万人以上，约占吴兵的一半，大大增强了吴兵的战斗力。拥有强大兵力的曹操、曹丕父子无不认为吴兵整肃，强大不可图。这不仅归结于吴兵战斗力极高，而且还在于孙吴屯田和农业经济的发展。当时，吴兵春天耕种，秋天收稻，进行屯田，一旦江渚有战事，就荷戈出征，因而他们担负着屯田和作战的双重任务。

有人认为孙吴屯田始于汉献帝建安三年（公元 198 年），太史慈在泾县"立屯府"，但不久，太史慈为孙策所灭，而且屯府也很难说是屯田组织，大概是屯兵的意思。所以，有人认为，孙吴屯田应始于陆逊出任海昌屯田都尉兼领县事，时间大致在建安八年至九年（公元 203～204 年）。公元 263 年，丞相濮阳兴建议取屯田万人为兵，这屯田万人应是民屯劳动者。可见，孙吴屯田也有军屯、民屯两种类型。

孙吴民屯管理机构设有屯田都尉、典农都尉、典农校尉、督农校尉等官职，农官与郡县官吏大致是分别治理，典农校尉、督农校尉大致与郡太守平级，典农都尉、屯田都尉与县令平级。史载，陆逊曾任海昌屯田都尉并兼任县令，华核任上虞尉兼典农都尉。由此来看，屯田都尉和典农都尉与县级机构并不一同设置，而往往是兼任。

军屯组织机构情况史无明文。大致可以说，有许多将领率兵屯田。如新都都尉陈表、吴郡都尉顾承各率所部男女数万人屯田于毗陵。公元 225 年，孙权采纳陆逊的建议，令诸将扩大屯田规模。公元 235 年春，孙权派兵数千家到江北屯田，屯田兵远的离城达数百里。可见，屯田吴兵是要带家属的。

与曹魏一样，军屯、民屯分属两个系统，均以大司农为最高领导。东吴的大司农也称作大农，其下似乎还设有监农御史一职。

（2）屯田地域和屯田成果。

汉末孙吴时，江南地区大多尚未开垦，可耕地很多，不过孙吴屯田很少在江南腹地推广。

孙吴屯田的一个重要地区是与魏、蜀交界的边防区。江淮地区是魏、吴长期交战之地，中间夹着一个宽达数百里的真空地带，双方均在这里开展军屯。濡须坞是大将吕蒙建立的东吴重镇，镇守当地的士兵常被用于耕屯。与之隔江相望的于湖设有督农校尉，是孙吴的屯田要地。于湖西南的赭圻城也有屯田。位于长江中游的西陵是魏、蜀、吴三国交争之地，吴将步骘、步协父子镇守西陵 20 余年，屯田积谷 30 万石。《水经注》卷三十四记载，今湖北境内长江沿岸地区设有阳新等若干吴屯点。

孙吴另一个屯田要区是山越人的聚居地。孙权时，吴兵全力征讨丹阳、会稽、吴郡、豫章、鄱阳、庐陵、建安等郡越人，把 10 余万山越人变成军队和屯田民，并在山越人开垦的基础上，把其聚居地变为孙吴屯田地点。

为了搞好屯田，发展农业生产，孙吴还兴建了一些水利设施。如位于会稽和山阴两县之间的镜湖、上元县的娄湖、丹阳县的湖田等，都是孙吴时所建，并在六朝、唐代时还发挥着灌溉作用。江南是水乡泽国，自然条件优越，修建水利设施容易奏功，因此官吏纷纷修建水利设施。这些水利设施为江南农业生产的发展，发挥了巨大作用。

孙吴在边防区开办的屯田，对于稳固北方的防线起了积极作用。孙吴之所以能长期北抗曹魏，不能不说屯田是一个重要因素。而孙吴采用暴力强制大批山越人迁出山地，使之与汉人一道耕战，尽管这是一个充满野蛮血腥和痛苦的过程，但却加速了民族间的融合。孙吴是秦、汉以来第一个在江南建立的政权，它通过对山越人用兵，增设郡县，促使江南经济迅速发展起来。东吴大将周瑜对孙权说："东吴占有六郡，兵精粮多，将士用命，铸山为铜，煮海为盐，境内富饶，人不思乱，因而所向无敌。"孙吴政权虽仅存在80年，但仍然为日后东晋、南朝在江南立国奠定了基础。

（3）孙吴屯田的衰败。

与曹魏一样，随着时间的推移，孙吴屯田也逐渐衰败了。

孙吴治下的屯田兵民，比一般自耕农生活得还要悲惨艰辛。吴兵不仅屯田作战，还要服劳役。公元234年，孙权承认"兵久不辍，民困于役"。公元245年，孙权派屯田兵民3万人到句容开凿道路，修建邸阁粮仓；公元247年，又命军民修建太初宫，后又建党邑涂塘。所以，当时有人指出，由于劳役繁重，调赋相仍，致使屯田兵民父子分役，耕作无人，民力困穷，不得不鬻（音 yù）卖儿子，逃走他乡，最后起而反抗。当时，会稽、豫章、庐陵、鄱阳、建安等地兵民多次掀起各种形式的反抗斗争。

除了力役，孙吴政府还常征调屯田民服兵役。如公元263年，取屯田万人为兵。公元259年的诏书说，有的州郡吏民和军兵违反有关规定，乘船在长江上下经商赚钱，去填补农官的私囊，结果荒废了田地；有的典农官还偷盗屯田粮食。这些都大大妨害了屯田的存在和发展。

建安十九年（公元 214 年），孙权为表彰吕蒙的战功，任命他为庐江太守，并把俘获的人马和浔阳屯田600 户赏赐给他。后又赐给蒋钦的妻子芜湖民 200 户、田 200 顷；赏给潘璋之妻田宅，解除其宾客 50 家的赋役；赐给陈表新安县民 200 家。这些赏赐的土地人口很可能原属于屯田。这不仅有损于屯田，且培植了大族地主的势力，促使屯田迅速衰败。孙吴政权重用南北地主士人，实行世兵制、奉邑制和赐爵制，使将帅与士兵父子世袭，并让他们自行设置官吏，享用奉邑赋税，这些都与屯田制有密切关系。孙吴的这些做法壮大了江东地主的实力，以至于他们的实力超过了吴主。孙吴政府控制的人口竟少于东汉扬州一州的人口，这正体现了大族势力的迅猛发展，分割走了国家所有的大批户口和土地。因此在孙吴末期，屯田特别是内地的屯田实际上已大多废弃，边防军屯也成绩不佳。孙吴亡国后，江东屯田就更趋势微了。

蜀汉屯田

在三国中，蜀汉屯田实行得最晚，成绩也最小，却又最先衰败。不过，蜀汉屯田仍有其特点。

诸葛亮在其著名的《隆中对》中称赞"益州险塞，沃野千里，天府之土"。但益州经济发展很不平衡，成都平原以外的地区还相当落后，许多地方尚未开发，又是叟、濮、獠、賨童、爨（音 cuàn）、氐、羌等多民族杂居的地方，民族关系复杂，因而蜀汉的经济中心惟有蜀郡，其领导层和兵员的组成也比魏、吴复杂。蜀汉内部最受重用的是跟随刘备入蜀的旧部，其次是刘璋旧部以及益州土著上层人士。双方经常发生摩擦，甚至出现对立和武装反抗。刘备死后不久，朱褒、雍闿（音 kǎi）、高定等土著首领就发动声势颇大的反蜀活动。凡此种种，都使蜀汉政权缺乏强大力量。蜀汉军队由随刘备入蜀的汉族精锐旧部和益、凉等地的少数民族人组成，诸葛亮曾把涪陵"獽蜒之民"3000 人征发为连弩士，调往汉中。他平定朱褒、高定等人的叛乱后，把青羌劲卒万余家迁到蜀郡，组成五部"飞军"，而把其老弱配给焦、雍、娄、爨、孟、量、毛、李等大姓为部曲，这样既增加了兵源，又培植了大族地主的势力。史书记载益州有不少"大姓"、"大族"、"首姓"，这是东汉以来主要是蜀汉时逐步发展壮大起来的。这些大族到处分割百姓为部曲，加速助长了封建依附关系。这一发展趋势与魏、吴一致，而蜀汉的民族色彩则更为浓厚。蜀汉治下一直未发生大战事，但其所辖人口却少于东汉时的益州，这与许多人口为大姓所隐庇而不登记在政府户籍上有关。

　　从资料上看，蜀汉境内没有民屯。魏、吴都在边防区大修军屯，而蜀汉即使在与孙吴交战时，也未在巴东、涪陵等与吴交界之地设置屯田，只是在其后期，诸葛亮和姜维接连对曹魏用兵，才在北部沿边个别地点设置了军屯。这种状况的出现，与蜀汉的联吴抗曹和其境内民族关系紧张有密切关系。

　　刘备以刘汉宗室后裔的身份，始终打着恢复汉室的旗号，把矛头指向曹魏。公元 213 年，法正劝刘备"广农积谷"，攻取汉中，伺机灭曹。刘备死后，诸葛亮"闲境劝农"，训练军队，寻找机会。他征服南中，基本稳定了内部，并获得一定的人力物力支持后，认为兵精粮足，便给后主刘禅上书《出师表》，请求出师北伐。从建兴六年（公元 228 年）开始，他六次出师北伐，这就是通常所说的"六出祁山"。建兴六年冬和九年春，他两次出兵攻魏，都因粮尽而回。这两次出师，都经过甘肃东南和陕西南部，交通十分不便，军粮供应不上，因而失败。之后，诸葛亮被迫考虑就近解决军粮问题。

建兴五年（公元 227 年），赵子龙在汉中赤崖进行屯田，尽管规模很小，时间也不长，却给蜀汉提供了一些经验。建兴十年（公元 232 年），诸葛亮下令在黄沙进行屯田，并建造木牛流马，训练军队，把军粮运至斜谷口（今陕西眉县西南）。这次屯田的时间很短，人数也不详。建兴十二年（公元 234 年）二月，诸葛亮进军五丈原，到达渭南，深入关中。为与魏军长期相抗，他分兵屯田于五丈原北边的兰坑等地，与当地居民相处得颇为融洽。这次屯田人数也不详。当年八月，诸葛亮病死，蜀军退回益州，其屯田效果恐怕也不太突出，估计 10 万蜀军的粮饷仍靠从汉中运来。

诸葛亮死后，"凉州上士"姜维继承了他的遗志，从延熙十二年（公元 249 年）开始，多次出兵攻魏，但因双方力量悬殊，姜维的北伐大多失败或因粮尽而回。后来姜维被魏将邓艾打败，部下伤亡惨重，引起了西戎的怨恨，加之国内宦官黄皓专权，姜维被迫率部到沓中（今甘肃舟曲县西北）屯田种麦，"以避内逼"。曹魏曾指责姜维屯田"刻剥众羌"，"民不堪命"。可见，姜维屯田使用了不少羌人，而且成绩相当突出，因而引起了曹魏的重视。

蜀汉屯田——无论是诸葛亮还是姜维的屯田——时间都很短，地域也不大，其军屯组织机构也很不清楚，只知道吕乂、杨敏担任过督农官，负责供应军粮；张裔当过司金中郎将，负责打造供应农具和兵器；中央也设有大司农。这些或许与军屯有关吧。其屯田效果与魏、吴相比，也相去甚远。

曹魏末年，司马懿、司马师和司马昭、司马炎三代人控制了曹魏政权。咸熙元年（公元264年），曹魏下令废罢屯田官，把典农官改为郡县长官，宣布废除已经败坏的屯田。次年，司马炎废魏自立，改国号为晋。泰始二年（公元266年），晋武帝司马炎下令改典农官为郡县长官。此后，魏、晋先后灭掉蜀汉和孙吴，统一了全国，并把废除屯田（民屯）的命令推行到蜀、吴控制区。到太康元年（公元280年）以后，晋朝全境内就再也没有民屯了。不久，晋廷废掉屯田尚书之职，改为田曹尚书。不过，军屯仍然存在，只是已看不出它有什么重要地位了。

西晋统一全国后仅10余年，就爆发了大规模内乱。最后，匈奴乘机灭亡西晋，其他一些少数民族人也进入中原，建立了十几个割据政权，史称"十六国"。晋宗室则在南方重建晋政权，史称东晋。于是，中国重新进入大分裂时代。其后，在北方相继出现北魏、东魏和西魏、北齐和北周等几个政权，史称"北朝"；在南方继东晋又出现了宋、齐、梁、陈四个政权，史称"南朝"。这种分裂局面一直持续了 270 多年，使中国尤其是北方遭到了比汉末三国时更加纷乱的局面。在此期间，屡次有人倡议兴办屯田，各个政权也确实在各自的边境地区开办了一些军屯和民屯，但成绩都不太显著，只有北朝的屯田较有成效，这也是北朝逐渐超过南方并最终由代周而起的隋朝统一中国的重要因素之一。

当隋朝消灭最后一个敌对政权——陈，统一中国以后，便下令废除山东、河南以及北方沿边设置的军府，把军人划归州县管理，令军人与百姓一样进行垦田耕作。同时，为了防御北朝以来兴起于北方的突厥的骚扰，隋廷在西北沿边包括河西和西域一些地方，设置了一些屯田，并取得了较大成绩，对有效地打击突厥，巩固边防，维护中西交通的安全，起了重要作用。

总的来看，两晋南北朝到隋代，社会经济不但并未处于停滞或倒退阶段，而且还有进步。但就屯田来说，由于战乱频繁，改朝换代之事不断出现，掌权的贵族官僚又大多缺乏远见，一味贪图眼前富贵，穷奢极欲，肆意残害人民，大多数政权虽然开办了一些屯田，却未能取得多大成绩。可以说，这一时期的屯田，上不及三国，下不如唐代，处在中国屯田史上的低潮时期。

三　唐朝五代时期的屯田

　　经过隋末农民战争洗礼的唐朝，是汉以来最强盛的朝代。唐朝（公元 618～907 年）近 300 年的历史，明显地可以安史之乱为标志，区分为前后两个时期。在前期，唐实现了较稳固的统一，中央集权力量空前强大，政治比较清明。在内部，唐廷推行北朝、隋以来的均田制、租庸调制和府兵制，出现了著名的"贞观之治"，经济空前繁荣。玄宗末年，爆发了长达 9 年的安史之乱，国力明显衰弱下来，不久就出现了藩镇割据、宦官专权、贵族官僚党争不已的局面，各种社会矛盾日趋尖锐，民怨沸腾，各种反抗活动不断出现，最后形成席卷全国的黄巢大起义，使唐朝分崩离析。后来，朱全忠废唐自立，建立后梁，随后后唐、后晋、后汉、后周相继在北方建立，史称"五代"。同时，南方也出现吴、南唐、吴越、前蜀、后蜀、楚、荆南、南汉、闽等割据政权，加上北方的北汉，史称"十国"。中国又一次陷入纷乱割据状态。

　　显然，唐代的屯田状况受其政治、军事力量盛衰的制约。

唐初至武则天时的屯田

唐自高祖李渊建国，历经太宗、高宗，至武则天时期，是国力最盛、疆域最广的时代。唐王朝出于军事形势和巩固边防的需要，一直重视屯田事业，而且也拥有一支强大的兵力来保证和捍卫屯田的顺利进行。

隋末天下大乱，社会生产遭受巨大破坏，割据的军阀们为了生存和扩充实力，采取各种办法筹措军粮。占据洛阳的王世充派"十二州营田使"到河南各地进行营田。李渊起兵后，也先后在山南道、京畿的华州和蓝田等地及荆州、松州进行屯田，以便解决进行统一战争所需的军粮供应问题。

唐朝削平群雄、统一全国后，转手对付来自北方的最大敌人——突厥。高祖时，在今山西北部和并州等地兴办屯田，喜获丰收。太宗李世民即位后，进一步扩大在山西北部的屯田，仅朔州屯田就年产谷10万斛，因此边防军粮饷很充足。随着唐军向北方胜利进军，唐代的屯营田向北推进到代州一带。由于屯田年年丰熟，唐朝在代州实行和籴，使边军获得大利，边军给养更加充足，从而为大破突厥打下了物质基础。贞观年间（公元627～649年），唐军击败东突厥和薛延陀，边境线随之向北移动，屯田也跟着推进到瀚海都护府，与唐接壤的北方各族更加"畏威"而不敢入侵了。可见，主要为了防御突厥的晋北屯田收到了良好效果。

贞观以后，唐在北部边界有东（进攻高丽）西

（进攻突厥）两条战线，唐朝总是在一线进攻，在另一线进行防御。高宗和武后时，随着国内政局的稳固，逐渐把军事进攻的重点放在西北边陲。高宗显庆二年（公元657年），唐军击灭西突厥后，设立昆陵、蒙池两个都护府，把今巴尔喀什湖以东、以南的广大地区，置于唐朝的有效控制之下，使其疆域扩展至中亚碎叶川以西。此后，唐军攻占朝鲜半岛，使唐朝疆域空前辽阔，东西相隔万里，国力空前强大。但随之而来的是兵力和军饷的运输难度日趋加大，往往造成东西两面吃紧的局面。高宗时，唐军两次大败于吐蕃，丢失了西域，军事形势日益危急。公元679年，有人建议让军队且耕且战，引起朝臣的争论。最后，唐廷决定加强西线的军事力量，在较短的时期内，向西北增派10余万军队和数万马匹，并恢复疏勒、龟兹、于阗、碎叶四镇。武则天时，继续增兵西线，并加派近10万军队到今山西、河北北部地区。由此，唐代军事布局发生了很大变化。高祖、太宗时，在都城长安附近部署的兵力占全国总兵力的70%；而高宗、武后把20多万军队调往西北和北部地区，便打破了原来的兵力布局，这与当时的政治、军事形势有密切关系。

唐初，凡从征有功的都赏赐田爵，因而富家子弟都乐于从军。高宗、武后时，每年征调四五十万府兵轮番宿卫、征戍，役使很重，却又不兑现赏赐，致使军人的社会地位陡降，富家子弟极力逃避兵役，唐廷被迫征调贫民下户当兵，导致军队素质下降，府兵逐渐穷困逃散。到武周末，府兵制已濒临崩溃。唐廷又转而在西北沿边建立基本上不离乡土的团结兵，并大量募兵，由政府供应军粮。随着边防军人数的激增，军粮需求量急剧增加，唐廷为此调动大量民夫运送军粮，仅同昌一军就需 50 万人运粮供应。所以，当时几乎是举全唐之国力支持前线唐军，使数十百万人脱离生产，长期奔波于千里运粮线上，浪费了大量粮食，给中央财政带来了极大的困难。为了解决好军粮问题，唐廷决定大办屯田，下令："王师外镇，必藉边境营田。"因此，屯田在西北地区迅速发展起来。

仪凤三年（公元 678 年），唐军在青海大败于吐蕃，娄师德受命出任河源军司马兼知营田事，在今西宁一带兴办屯田。两年后，黑齿常之打败吐蕃，在河源度开屯田 50 多万亩，年收粮食百万余石。河西和陇右一带也设立了许多屯田。其中甘州屯田尤为突出，年收入 20 万石，还有余粮供应瓜、肃等地。垂拱二年（公元 686 年），朝廷采纳陈子昂的建议，向河西增派兵力，在甘、凉、河等州开设或扩大屯田，积蓄的粮食可应付数十年的开支。

武则天执掌唐朝权力将近 50 年，始终重视农业，曾编辑《兆人本业》，分发到各地。为管理好屯田事务，她任命傅文静为陇右营田使，张弓负责莫门等五军的财务兼管陇右营田事务，又提拔重视农业的娄师德为宰相，委以屯田事务，巡视西北屯田。娄身在河西、陇右 40 多年，足迹遍及青海、甘肃、宁夏、内蒙古河套及陕西北部和南部一带，以屯田为己任，率士兵屯田，积谷数百万斛，满足了军队的需要，使朝廷

"无转饷和籴之费"，成绩相当突出。随着屯田的发展，西北地区人口大大增加，如甘州在垂拱时有编户3000户，五六十年后就超过了6200户。所有这些都为打败敌人创造了有利条件。公元692年，王孝杰大败吐蕃，恢复安西四镇，吐蕃从此不敢东侵，陈子昂认为是由于"甘、凉素有蓄积，士马强盛，以扼其喉，故其力屈，势不能动"。另一方面，唐在军事上的胜利也稳定了西北部的屯田。

 唐代屯田的兴盛

唐朝就国力和疆域来说，以高宗时期为最盛，但那时边防尚不稳固。经武则天到玄宗，国内和平安定，国家掌握的人口大增，社会经济繁荣，唐朝进入全盛时期。就屯田来说，不仅边疆各地的屯田取得很大成绩，中原内地也通过屯田开垦出大量土地。

（1）屯田的分布情况。

高宗到中宗时，也在内地兴办了一些屯田，但成绩并不很大。玄宗对边防和内地屯田都很重视，令各军镇都要"屯田积谷"。据《唐六典》记载，玄宗时天下军州屯田992处。而《玉海》卷177则说河东道有131屯，关内道258屯，河南道107屯，河西道156屯，陇右道172屯，河北道208屯，剑南道9屯，合计1041屯。有迹象表明，这1000多屯中有一部分是盐屯和监牧屯。若按军镇每屯耕地5000亩计算，则玄宗时全国屯田耕地至少在500万亩以上，超过了以往历代，其后也仅有明朝超过了唐代。

《唐六典》还详细开列出各道屯田地点的名称和屯数。可见，玄宗时的屯田遍及全国各地。屯田数较少的岭南道在玄宗即位前数年，也已在桂州开屯田数 10 万亩，并受到朝廷的嘉奖。江淮、山南地区也设置了若干屯田。总之，除内地如关中、河南、两淮等地外，其余各道屯田的设置都与边疆军事形势密切相关。唐廷重视对奚、契丹、突厥、吐蕃的战争，决定了边防屯田重在西、北两个方面的布局，故从辽海到西域，包括今辽宁、河北、内蒙古、陕西、宁夏、甘肃、青海、新疆等广大地区，都设置了屯田，特别是西域屯田远离中原，完全是出于保卫西疆的需要而开设的。西南的川西地区，由于南诏不断骚扰，也设置有若干屯田。总而言之，玄宗开元年间（公元 713 ~ 741 年）是唐朝屯田最为兴盛、分布最为广泛的时代。

（2）屯田的组织与管理。

唐前期的屯田袭用了隋朝的管理办法，畿内屯田隶属司农，外地屯田隶属诸州。尚书省是全国屯田事务的最高裁决者，监察御史可随时监督诸道的屯田事务，隶属于工部的屯田郎中具体掌管全国的屯田事务。凡是畿内和州镇的屯田，每屯都设有屯官、屯副。

开元二十五年（公元 737 年），玄宗下令，凡隶属司农寺的屯田，2000 ~ 3000 亩为一屯。隶属州镇诸军的，每 5000 亩为一屯。不过这不是绝对的，朝邑、河西两县交界处的屯田，每屯就有 2 万亩左右。各处开置屯田都归尚书省主管。各地根据土质状况的差异和播种农作物品种的不同，合理配备耕牛，稻田每80亩配牛一头，旱地120~150亩配牛一头。屯田所需农具也由诸冶监、兴农冶统一铸造供给。屯田收获的大麦、荞麦、干萝卜等可以粟为标准折合计算，以便划定等级进行考核。

唐廷规定了对屯官的考核办法：按时耕作，以收获粮食的多少为根据对屯官进行奖惩。具体说，各屯根据土质的优劣和灾害的程度，将耕地划分为三等，根据民田年收入的多少取一个平均值，凡屯田超过这个平均值的给予嘉奖，达不到的则难逃一罚。每年春三月，司农卿、少卿要巡行直属司农寺的畿内屯田，惩办不法屯官。各州府军镇的屯田，是在每年仲春月预计明年所种顷亩数和地理的远近，上报兵部，分别派人予以处理。

唐朝建立的一整套严密的屯田管理组织和严格的奖惩办法，加强了中央对屯田事务的管理，也使中央集权的力量得到加强。

（3）屯田土地及其上的劳动者。

屯田土地原则上属国有，由政府组织和经营，因此，屯田土地往往大片相连，由政府集中管理、劳动者集体耕作，号称"大田"。开元二十五年（公元737年）唐政府规定，旧屯重建的，一律按其原有封疆界限而定；新置的，则应选取荒闲无主土地。这种大片相连的无主荒地，在人烟稀少的边疆极易找到，而在内地特别是人口稠密的狭乡则很难获得，因此在内地特别是狭乡的屯田，往往会侵犯民田。开元八年（公元 720 年），玄宗就关内同州侵犯民田的现象下诏，要求地方官割还屯田侵占的民田。到唐玄宗时，在河南、淮北等内地设置的一些屯田很快就消失了。

屯田劳动者的身份比较复杂。在驻军地区主要用士兵。在驻防地附近，拨给士兵空闲土地，让他们种植粮食蔬菜，每人 10 亩。高宗时，士兵屯田所收粮菜原则上全部归公，其次才能补充本身衣食之缺。到玄宗中期，府兵制崩坏，募兵制盛行，士兵就更需屯田自给自足。除了士兵，唐初以来，边境屯田还使用部分少数民族人和罪犯及各地破产流亡的客户。唐前期，常释放徒刑以下囚犯去屯田，也招募人去西北沿边州县进行垦种。玄宗时，这种作法已经常化了。当时朝廷每年都要征发太行山以东州县丁壮为戍卒，供给军资，进行屯田。杜甫的《兵车行》中有"或从十五北防河，便至四十西营田"的诗句，说明征发的屯丁往往是有农作经验的农民。

各地屯田都设有屯官、屯副进行专职管理，他们决定屯田的生产计划，把劳动者束缚在屯田土地上，指令他们限期完成种植各类粮食作物和经济作物的劳动日定额。政府根据屯地的肥瘠、收成情况，把耕地分成三等，按民田的中等收成情况分别征收地租。但屯官为了升官，往往野蛮压榨劳动者，多收地租。因此，屯田劳动者所受的剥削奴役要比一般编户齐民厉害。

（4）屯田与水稻。

唐代屯田上种植的粮食作物和经济作物主要有禾、

稻、豆、麦、麻、黍、葱、瓜、蔓菁、苜蓿等，值得一提的是水稻。

三国时，已在华北种植水稻并取得良好成绩。唐政府更有意识地在华北推广种稻。武则天时，李汉通在西北甘州种稻，并获得丰收。玄宗规定，旱地每120～150亩给牛一头，稻田则每80亩配牛一头。屯田兵民种植不同的作物，其劳动日定额不同：种粟需283天，大豆192天，小豆196天，麻489天，麦177天，荞麦160天，稻100亩为948天。这说明唐政府很重视种稻。开元时，张说建议开置屯田，请求修建水利设施，开水田种稻，认为这是"百代之利也"。后来，唐廷先后任命李孟犨为邓州司马兼陆门堰稻田使，宇文融为河南北沟渠堤堰决九河使，张九龄为河南开稻田使，"开稻田以利人"，一些地方官如同州刺史姜师度等也纷纷开建稻田，使北方出现了大量稻田。玄宗时，仅陈、许、豫、寿四州就设置了水屯100多所，占全国屯田总数的1/9，再加上其他州郡军镇的稻田水屯，水屯在全国屯田中所占的比例就更高了。玄宗以后直到五代，华北地区仍有水屯。可以说，屯田这种由政府组织的集体生产事业，在兴修水利、试验种稻等方面，比个体小生产有巨大的优越性，足以承担各种风险。因此，三国到北朝以至唐代，屯田对于在华北甚至西北地区试验推广种植水稻，起了重大的积极作用。

（5）屯田的收入与供军。

唐太宗时，河西、陇右、西域等地相继开展屯田。到玄宗时，河州敦煌道屯田收获的粮食，不仅能供应边境军民的需要，而且还有大量剩余转运到灵州，顺黄河入太原仓，助关中防备凶年。史称，开元年间，"自安远门西尽唐境万二千里，闾阎相望，桑麻翳野，天下称富庶者无如陇右"。可见，唐前期的屯田尤其是西北屯田贡献很大。屯田的收入主要供应军粮需要。当时全国边防军达49万，其中一半以上驻扎在西北地区，此外还有10万以上的团结兵。因此，大批人马需要大量的粮食。

唐代全国屯田每年收入数字到底是多少，只留下一个数字。据《通典》记载，天宝八年（公元749年），天下屯田收入1913960石。其中，关内563810石，河北403280石，河东245880石，河西260088石，陇右440902石。但这已是屯田走下坡路时的数字，不能完全反映全盛期的情况。当年，河西、陇右屯田收入70多万石，远不能满足西北大军的需要，即使把关内道的56万石运到西北仍供不应求。这种情况在开元时已经出现。开元二十五年（公元737年），唐廷不得不在屯田之外采用和籴之法，就地收购大批粮食供给军队。到天宝年间，和籴更加盛行，反映出全国屯田特别是西北屯田的衰落。早在武则天时，河西个别地区的屯田岁入就曾达到120万石。开元时，西域天山、柳中县的屯田仍很兴旺，河州敦煌屯田还有剩余支援关中。可是到了天宝八年（公元749年），河西屯田收入只有26万石，仅仅数十年的时间，西北屯田就衰落到如此令人吃惊的程度。何以衰落成这样，史无明文。有人说，西北屯田很可能像内地那样把屯田分赐给贫民及逃还百姓，而另由官府发给口粮以供农作之用。
这种作法当然会削弱屯田事业。

在北部沿边，从太宗、高宗、武后到玄宗初年，
相继开设不少屯田，其中尤以开元初宋庆礼在营州开
设的80多所屯田成绩最佳。天宝中期，河北、河东道
有屯田208屯和131屯，收入粮食64万石，仅为关内、
陇右、河西屯田收入的一半。公元749年，全国和籴
存粮114万石，关内、河西、陇右为103万石，河东
为11万石。而当时河北、河东驻军占全国边防军的1/
3以上，此外还有数以万计的团结兵。天宝中期，河东
和幽州共支军粮120万石。可见，当地屯田与和籴的
粮食远不能应付军需，因此，唐廷不得不从外地向北
部地区输送粮食。武则天时，从江淮向幽州输送了100
多万石。玄宗时，河北清河郡成了从江淮运到北边军
用粮布的"天下北库"。由此可见，河北、河东屯田远
逊于西北，即使在盛唐时也是如此。

玄宗时，剑南道的巂州、松州设有9屯，而剑南
每年所用军粮仅70万石，这个数字并不多，并且当时
唐与南诏的关系还不太紧张。天宝八年的全国屯田收
入总数不包括剑南屯田的成果。

在腹心地区如河南道的屯田供军不如边防迫切。
玄宗后期，中原地主田庄迅速发展起来，佃户日益增
多，这种生产关系上的变化强烈冲击着国有土地的经
营。因此，玄宗下令屯田采用私庄经营方式，"官收租
佃"。开元末，玄宗还把陈、许、豫、寿四州的107所
屯田土地分赐给贫丁及逃还百姓为业。到天宝年间，

河南屯田大概已所剩无几了。

总之，天宝八年全国屯田收入（只是绝大部分）虽不是唐代的最高数字，但若以一丁一年食粮 7.2 石计算，仍可供给 20 多万士兵即全国军队半数的需要，成绩仍很可观。这不仅减少了中央财政开支，而且也大大减轻了从内地向边地转输军粮的劳役负担（在屯田兴盛时，唐廷曾一度中断了这种转输）。因此，屯田有利于当时社会经济的繁荣，加强了军队实力，对玄宗时边防的稳固起了重要作用。

安史之乱后的屯田

安史之乱爆发，西北边防军入调内地平叛，河西、陇右落入吐蕃手中，西北屯田随之衰落；而河北等地因藩镇抗命，旧有屯田也不复存在。由此，唐代屯田随着国内政局的巨变而出现新格局：各地屯田时兴时废，难以维持较长时间；中央虽曾设立"诸道营田使"总领屯田事务，却未做出多少成绩。全国屯田除少数取得短期佳效外，大多变成了困扰兵民的渊薮（音 sǒu）。

（1）屯田的诸般变化。

唐前期，屯田重点在边疆地区，玄宗开元时才在内地设置了若干屯田，所有屯田都由强大的中央政府统一管理。安史之乱后，西北和北部的屯田所剩无几，更多的屯田和营田散布于内地，数十名大将常兼衔田官。唐后期，地方州郡权重，手握军政、财政大权的节度使也常驱使管下百姓军队征战、营田，不服从中央调遣。宪宗虽裁抑藩镇，停罢诸道节度使兼支度营田使，并一度取得了效果，但藩镇割据依旧，软弱的唐廷再也不能在全国大办屯田了。

随着屯田向内地转移，屯田的作用也发生了变化。唐前期，屯田是为了增加军粮储备；但到后期，除西北等若干边防屯田收入仍供军用外，已有相当多的屯田收入被漕运到关中，用以支付中枢官僚机构的消费。

另外，唐初以来，已经使用罪犯、流民或归还逃户耕种边疆或内地的荒地，当时称之为"营田"或"垦田"。

（2）屯田的规模和成果。

唐后期的屯田以代宗、德宗时的成绩最好。开始主要在江淮地区屯田，德宗贞元以来，则以陕西、甘肃、内蒙古为重点。

肃、代二宗时期（公元756~779年），由于先后出现安史之乱和藩镇的交争，华北中原一片狼藉，因此屯田便设置在中央控制下的江淮地区。寿、楚、苏等州都设有屯田，尤其是苏州嘉兴，屯田横亘千里，共有27屯，仅公元766年的收入就相当于浙西六州租税的总和。此外，北方如河中、朔方、凤翔、河洛、汝州、昭义、雄武军、华、同、泽及南方的襄、邓、剑南、岭南等地也有一些屯田。

德宗时，藩镇争战稍停，西方的吐蕃成为唐的劲敌。李晟、杜佑、韩滉、李泌、陆贽等人先后建议在关陇实行屯田，但多数未被采纳，即使有的被采纳，也未见什么成绩。但这并不是说当时的屯田一无是处，有些地方的屯田因人成事，还是取得了一定的成效的。例如，李元谅在陇东良原屯田数十里，岁收数十万斛。李景略在丰州屯田数万亩，回纥畏惧。此外，刘昌屯田于泾原，李复在滑州营田，崔翰在汴州开水陆屯田17万多亩，王翃、杜亚、顾少连先后屯田于洛阳，曲环在陈、许屯田，都取得了较佳效果。在江淮以南，李复和韦丹、徐申、陈孝阳等分别在容、韶、㪍州开展屯田，收获也不错，尤其是杜佑在淮南的屯田积米达50万石。

德宗以后，屯营仍不少，但有成效的却不多见，有案可查的有：宪宗时，卢坦在振武、天德间开营田48万亩，收谷40多万石；韩重华在振武至云州屯田38万亩，年收粟20多万石；高承简在鄜城屯田200里；李昕在灵州屯田10万多亩；孟简在襄阳营田，数年收粮30万石。穆、敬二宗时，杨元卿在泾州屯田50万亩，又在沧景营田，岁收粟20万石；崔弘礼在河阳屯田2万亩。文宗时，殷侑在沧、景、德等地开展营田，做到了自给自足。

总的来讲，安史之乱后，唐代的屯田已日趋衰落，难追昔日全盛景象了。

（3）屯营田的组织和管理。

与唐前期相比，唐后期，屯田组织机构和管理都发生了明显的变化。

代宗下令收取各地荒闲土地兴办屯田，不过要把大片荒地集中起来耕作并不容易。负责屯田工作的是玄宗以来大大发展了的职使差遣官。在中央，宰相兼任营田使，地方则由各道节度、观察、都团练等使直接负责。楚州营田由宰相遥领，刺史可专达，另有田官数百名。其他地区则每屯设有"都知"，负责贯彻上级指令，强制人们耕作，并注意"经地域，制地事，辨土宜，均土法，简稿器，修稼政"等事。其下拥有大量吏胥，强制营田民耕种。有的地方以7000人耕田50万亩；有的招募农民组成15个屯，每屯130人，人均耕地100亩。屯田夫以"伍"为编制，上下层层拘管，可能独立于州县乡里组织之外。

屯营田上的劳动者有下列几类：一是营田卒，称食粮健儿、营田官健，常由招募而来。二是招募、雇佣或"借佣"百姓营田，其数目比营田卒还多。有的营田民可以经年更换，政府供给他们每人口粮7.2石、每家耕牛一头，以及水火等项费用，或者分给他们屯田收成的一部分。他们都在田官吏胥的监督下进行生产，行动是不自由的。此外，利用罪犯进行屯田也增多了。韩重华在振武屯田就使用了900名贪赃官吏。大和八年（公元834年），文宗下令把各道送到沧州的将健配流犯人和边镇营田役使者1359人，放归各地屯田。会昌六年（公元846年），朝廷下令，自今以后，天下应处死刑而情非巨蠹（音dù）的，特许携带家口配流到灵武、天德、三城等地屯田。

不过，上述组织管理方法并未收到很大效果。如朔方丰州屯田在唐前期十分兴旺，可到代宗、德宗时，在农田水利工程仍保持良好状态的情况下，可耕地却不到原来的1/10。造成这种状况的原因很多，当时人归结为"功力不及"。可以说,在屯田官严格监督下的雇募劳动者和罪犯生活苦痛,生产效率绝不会太高。因此,唐人说代宗、德宗时的屯田"无益军储,与天宝以前屯田事殊",这岂是偶然?

(4)士兵与屯田。

玄宗时,府兵制崩坏,募兵制盛行,国家财政开支大增。开元以前,政府每年供给边防军衣粮的开支不过200万石;天宝以后,每年供给衣服1020万匹、粮190万石,于是"公私劳费,民始困矣"。

天宝以前,边防军通过屯田生产了大量粮食,政府也利用和籴购买粮食,从而保证了军粮的充足供应。安史之乱后,边防军大量内调,国家编户流失了2/3,将多于官,官多于兵,兵多于民,而"边军皆不知耕作,开口望哺",却视农夫如草芥,侵暴里间,遇到敌人就望风而逃。参加屯田的人少了,吃闲饭的人激增,屯田必然日趋衰落,生产出来的粮食日渐减少,军队再也不能自给自足。而政府为了维持军队,只好从国库中拨出大量费用和籴粮食,"以赡军国","以资边储"。唐前期,尤其是玄宗时,朝廷常在丰年粮贱时就地适当加价收购粮食,以充军粮,以减少租粮的转输,当时把这种办法称作"和籴"。当时国力强盛,和籴有时难免强制进行,但还是给予一定报酬的。安史之乱后,中央权力被削弱,地方多不上交田税,屯田又日趋式微,朝廷只得扩大和籴。为此,设立和籴使、和籴巡院、和籴贮备使等职,负责和籴。但这时的和籴往往是强制进行,官吏更是借机贪污中饱。贞元八年

（公元 792 年），大臣陆贽就指出和籴官吏多支费用，虚张估价，压低价格，"行市道苟且之意"，强制收籴。宪宗朝白居易任畿尉时，亲见官吏和籴时散配给百姓，限制交粮，稍有逾期，就要捉追鞭挞，"号为和籴，其实害人"，而他自己因职责攸关，不得不"亲自鞭挞"百姓。可见，和籴名为购买，实为掠夺，成了变相的赋税，给人民带来莫大的危害。由于和籴盛行，国家财政开支增大，政府不得不加重对百姓的剥削。当时人说，唐兵百万，"皆衣食于平民，率中户五仅能活一兵"，其后果是国库空虚，民力穷困，各种社会矛盾日趋尖锐。而许多地方已"鞠为棒杞"，百姓无一日之粮，和籴根本就无法进行，加上奉行的官吏"经年无序，徒扰边民"，徒然浪费钱财，根本弄不到粮食。和籴的效果就可想而知了，而它给社会带来的破坏却是很严重的，屯兵日趋衰败。

晚唐和五代的屯营田

中唐以后，宦官专权，藩镇割据，政治黑暗，中央政府日趋软弱，朝廷根本无力改变这种状况。同时，大土地私有制不断发展壮大，统治者的横征暴敛有增无减，社会矛盾日趋尖锐，唐帝国在走向崩溃，国家屯田也随之瓦解变质。五代十国继承了唐朝遗风，屯田衰败的趋势并未改变。

（1）屯田的败坏。

宣宗以后，虽有人兼任京畿营田使，却无所作为，各地屯营田已很少有实效了。当时，戍卒苟安于边地，沃野上惟长蒿莱，内地人也"不勤功于箕敛"，社会经济一片凋敝。造成这种状况的原因不是单方面的。

历史经验表明，凡是中央政权力量强大而掌权者又重视屯田的，屯田就能取得成效。汉武帝和曹操时如此，唐前期也是如此。但唐自安史之乱后，北方赤地千里，人烟稀少，唐廷费尽九牛二虎之力平定了叛乱，却丧尽威望，对内无力控制日益跋扈的节度使，对外也对吐蕃、回鹘、党项、契丹的不断骚扰无可奈何，朝廷的号令日益不行于各地，到后来，皇帝变成了实际上的大藩镇。在这种情况下，屯田要想取得成效是不大可能了。宋人欧阳修在修《唐书》时，把天宝以后的屯田、和籴，同盐铁、转运、铸钱、括苗、榷利、借商、进奉、献助等，并列为危害百姓的弊政，是很有道理的。

唐制规定，屯田应取自闲田荒地，但晚唐屯田往往"取百姓营田，并以瘠地回换百姓肥沃地"，"军屯营种，侵占百姓土地，逼迫纳税户屯田"，这势必戕害个体农民经济，也无助于屯营田。嘉兴屯田开办伊始，"吴人惧其暴，屯人惧其扰"，其屯田虽号称"广轮曲折千余里"，却是大大牺牲了百姓和国家的利益，因此，它在代宗时期仅昙花一现，便不足为奇了。

屯田由政府委派官吏组织管理，但这些官吏往往并不实心任事，只把屯田当作个人邀功请赏、升官发财的可利用之阶梯。因此，他们并不看重屯田的实际收效，只是到时候大笔一挥，虚报屯田成绩。穆宗时，度支水运营田使贺振志就"奏营田数过实，将图功效"而被人揭发。更有人出奇谋欺骗上级：用很多马匹驮负装土的布囊，声言运送屯粮，在百千驮中只有少数装有粟、麦，并在上面做好标识，等上级使者前来检查，就找出有标识的马驮，以此取信于人。他们用这种奇谋欺骗上级，博功取赏，却苦了那么多马跟着受苦受累。

在这种情况下，屯田必然日益败坏。楚州屯田始于武则天时，肃、代二宗时还曾获得好收成，可到德宗贞元十七年（公元801年），淮南节度使杜佑已把它说成是"徒有靡费"、"无裨于国用"、"宜废已久"的徒有虚名之举了。因此，他建议废除屯营田，把屯田土地和耕畜农具出租给百姓，收取地租。

（2）屯田出租与分赐贫民。

废弃屯田、出佃收租并非杜佑的发明，唐前期已有这样的作法。杜佑提出这一建议时，朝廷也派人广泛咨询群臣的意见。安史之乱后，屯营田日益盛行租佃方式。

贞元元年（公元785年），德宗委派节度使、刺史等官把堪置屯田的肥沃荒田出租给情愿租种的"诸色人及百姓"，如果逃户回乡，就退还本业。刺史等官征收佃租数多的，要特加褒升。同州曾取百姓荒田100顷给充军屯田，但因土地零碎，改由地方每亩出粟二斗，被元稹指责为税上加配。穆宗长庆年间，官府勒令州县百姓租种军屯土地，交纳租粟。文宗时，官府在宣武营田原额田租之外增加租税额。后唐时，诸州府营田都要交纳租课。后周沧州营田务甚至勒令"纳去年空地苗税"。后唐浙西营田判官高越、江文蔚"俱以能赋擅名江表"。可见，安史之乱后到五代十国时，各地屯营田普遍采取租佃的方式，收取地租，甚至空地也要收租。

这种租佃屯营田的方法并不是政府某些官员的发明，唐律允许出租公私田地。玄宗中叶以后，农民大批破产，沦为佃食客户，国有土地也往往被地主官僚占为私有。随着社会租佃关系的发展，受其影响，唐廷也逐渐改变了国有土地的经营方式，由官府直接经营改为部分地出租。国家设立屯田务、营田务，招募"农民强户"租种营田土地。农民强户又称"高赀户"，即后人所说的地主，他们租种大片营田，又称为"营田户"。营田户不属州县管理，直接向官府纳租，并被免除令人畏惧的劳役。这种经营方式实际上具有官庄的性质。晚唐以来，营田户控制了大量营田，并吞并大批民田，招纳数量很大的国家编户，驱使他们进行生产，进行剥削，甚至"容庇奸盗"，而州县却无权干预。因此，营田已逐渐私有化，只不过在名义上仍归户部管理而已。这种营田对国家来说并无多大好处。到五代十国时，对这种营田办法进行了改革。后唐明宗时规定，"原属佃户"仍归营田务管理，只许雇招逃户浮客耕种无主荒地，如若再侵占私田、召纳"投名税户"，将予严惩。不过，这次改革主要在于稳定晚唐以来的局势，以阻止农民强户在营田中的恶性发展。到后周时，太祖郭威对营田做出进一步的改革。

广顺三年（公元953年）正月，"素知营田之弊"的郭威听取臣僚的意见，下令废除屯田务，把营田户划归州县管理，将营田务所属田地、庐舍、牛畜、农具等，分赐给现有佃户，以为永业私产。他还废除卫州共城县的稻田务，并归州县，任人佃种。由于各地认真贯彻执行了郭威的命令，一年之内，就有3万多佃户摆脱了高赀户的控制，重新成为国家编民；同时，国家也"获地利数倍"。

总之，晚唐至五代的屯营田，除少数仍在从事积储军粮的生产外，多数已可以出租或买卖，视同皇帝的私产。所以，《资治通鉴》、《旧五代史》在记录郭威的改革时，称之为"营田"，又称之为"系官庄田"即官庄，这是封建地主土地所有制发展的正常现象。因此，国家屯营田不能不徒有虚名，而郭威废除屯田务，不过是顺应屯田瓦解的趋势而做出的应有举措。

四 宋辽金元时期的屯田

　　从公元960年北宋建立至1368年元朝灭亡止，在长达400多年的历史过程中，宋、辽、夏、金、元各个政权争战不休，出于战争和加强边防的需要，各个政权（西夏除外）都在其辖区内组织建立屯田。从金到元，军屯制度发生显著变化，军屯逐步由边防地区推向全国各地。

北宋的屯田和营田

　　北宋一代始终面临着来自辽和西夏的威胁，两面防御作战。为了加强边防，阻止辽兵南下，北宋政权在与辽接壤的河北、山西北部地区开办了屯田；为防御西夏，又在西北地区兴建了屯田和营田。同时，也在内地开置了不少屯田和营田，使屯营田遍及全国各地。宋廷始终以西北和河北为边防重点，在那里开办的屯营田也最受重视。

　　（1）边防屯营田。

　　屯营田地域分布　太宗时期，北宋两次出兵大举攻辽，企图收复燕云十六州，结果大败而归。从此，宋廷被迫对辽转为守势。为了加强北部边防，端拱二年（公元989年），太宗分别任命陈恕、樊知古为河北东路和西路招置营田使，魏羽、索湘为副使，准备在河北大兴营田，结果因陈恕的反对而作罢。其后，何承矩也建议在河北屯田。淳化四年（公元993年），太宗终于下决心开置屯田，任命何承矩为制置河北缘边屯田使，内官阎承翰、段从古同掌其事，以大理寺丞黄懋充任判官，率领诸州镇兵18000人，在雄、莫、霸、平戎、破虏、顺安等州军开堰600里，定州、保州、信安军也开办了屯田。这是北宋边防屯田的开始。真宗天禧末年，河北屯田共有42万多亩，年收入近3万石，其中保州屯田1万多亩，年收入18000～20000石。因此，天禧四年（1020年），宋廷重点加强保州屯田。仁宗时期，知成德军刘平和河北西路缘边巡检都监杨怀敏在信安军以及霸州、雄州以西的沿边地区开建方田，也就是屯田，杨怀敏也曾增广河北沿边屯田。仁宗后期，宋与辽、夏未发生大战事，宋廷放松了对沿边屯田的管理。到英宗治平三年（1066年），河北两路屯田仅剩下了3万多亩。

宋、辽签订"澶渊之盟"后，双方关系基本稳定，西夏于是成为在西北地区对北宋具有严重威胁的势力，宋廷开始专意防御西北，酝酿在西北开置屯田。真宗咸平初年，何亮、刘综等相继请求在西北建立屯田。咸平四年（1001年），有人说，陕西转运使刘综正在镇戎军兴办屯田；灵州知州裴济也兴办了屯田，但次年灵州被西夏占领，那里的屯田也就消失了。

景德二年（1005年），知镇戎军曹玮征得宋真宗的同意，在镇戎军所辖地区利用弓箭手（即乡兵和番兵）进行屯田，数年后就取得很好的成绩。其后，鄜、延、环、庆、泾、原、渭、河东等州军陆续招募弓箭手，开置屯田。仁宗时，北宋屡败于西夏，双方均损失惨重。到哲宗时，宋廷采取步步为营、层层推进的战术，逐步对西夏施加压力。哲宗天符元年（1098年），北宋大胜号称有150万人的西夏军，取得了军事上的主动，基本控制住河外、横山、天都山一线。随着宋军不断向西推进，其边境线逐步向外扩展，宋廷每占领一地，就修筑寨堡，加强防守。当时，宋廷常在双方交界的1000多公里边防线上驻扎30万~40万大军。为保证大军的粮草供应，宋廷始终在西北包括今山西、陕西、甘肃及青海一部的广大地区内，普遍设置了屯田和营田。

屯营田土地的来源比较广泛。主要来自官田，包括无主荒地、闲田、空闲牧地，也有职田、官府买进的土地以及献纳田等。河北屯田土地有相当一部分原是霖雨水潦田，因而河北屯田以水田种稻为主。在西北地区，宋廷屡次下诏彻底清查荒田、闲田，并把沙苑等处七八十万亩国有草地改作屯田。宋军每占领一地，那里的土地也就收归国有，划归屯田使用。神宗曾下令检量官吏职田旷土充作屯田，以官钱购买镇洮军少数民族土地开置屯田。在河北，韩绛借得安抚司封桩钱五千缗，买水地充作屯田。陕西秦凤路阶州就有汉族人和少数民族人献纳的土地充作了屯田。总而言之，屯田土地主要来自官田，也有一部分来自私田，不管是官田还是私田，在变成屯田后都成了国有土地。

屯营田的组织与管理　北宋屯营田上的劳动者既有军兵，也有民人，即有军屯和民屯两种类型。

军屯。宋代军队分为禁军、厢军、乡兵和番兵（或叫蕃兵）四种。其中，禁军是正规军，厢军专职供作役使，乡兵是从民户中抽点的用于维持地方治安的民兵，番兵则是由沿边少数民族人组成的用于防守边境的部队。在陕西，称乡兵和番兵为"弓箭手"。

河北屯田基本上由军队承担。淳化四年（公元993年），宋廷开始在河北屯田，调用了诸州镇兵18000人。天禧四年（1020年），因保州军屯效果最佳，宋廷规定，从今以后，将配往河北士兵的4/10配给保州，其余的配给雄、霸、定、顺安、平戎、信安等州军，以确保保州屯田的发展。为保证屯田的顺利进行和发展，宋廷不断强化河北屯田的组织和管理。最初，设置河北屯田司和制置河北缘边屯田使，并派内官协同负责其事，屯田判官负责具体事务。景德二年（1005年），宋廷又命设有屯田的州军之长官，一律兼任制置本州军屯田事，协同屯田使管理屯田。熙宁八年（1075年），神宗下令屯田官行久任之法，不轻易调动其工作，对不称职的屯田官员则予以惩罚。神宗先后对不称职的屯田官王道恭、赵燮、谢禹珪等给予罚铜20斤、降级、撤职的处分。河北屯田以水田为主，宋廷对那里的水利事业十分关注，屡次下诏兴修水利设施，加强管理。元丰元年（1078 年），设置提举定州路水利司。宋廷不仅从组织上加强对屯田的水利事业的管理，还令屯田官实地勘探屯田塘泊水势走向，并就如何增修堤道之事绘制"营田河道图"、"缘边开塞塘泊水势修叠堤道深浅日月定式图"，进呈给朝廷。此外，还令河北屯田司设立塘泺水则即标尺，测量水位深浅变化，每季度向朝廷汇报一次。大中祥符五年（1012 年），宋真宗又要求保安军稻田务将当地耕植情况每 10 天向朝廷汇报一次。可见，宋廷对河北屯田及水利事业十分重视。

民屯。宋廷大量招募农民开展屯营田。如仁宗庆历二年（1042 年），宋廷募民到延州招安寨耕植收粟，以供应军队的需要。熙州、岷州、乡原、熙河等地也有招募来的农民从事营田。这些招募的农民可能包括了中小地主、自耕农、半自耕农和佃农等各类农村人口。不过，西北屯营田的主力还是弓箭手。宋廷规定，弓箭手立功授班行，其名下田土改由其子孙佃户耕种。熙宁八年（1075 年），宋廷招募 3993 户佃种仪州 41 万多亩屯田，并籍佃户为弓箭手。

庆历元年（1041 年），宋廷在陕西路设立营田司，置营田使，由该路总管或部署及转运使兼任，转运判官兼管勾营田事。其后，随着宋朝边境不断向西拓展，宋廷在西北新增了秦凤、永兴、熙河、泾原、鄜延、兰岷等路，并在各路设置营田司。河东路也有营田司。此外，各路经略司、安抚司也参与管理屯营田。嘉祐四年（1059 年），宋廷令全国各路提点刑狱一律兼提举河渠公事，负责兴修水利，其中也包括了屯田水利之事。

在中央，司农寺负责管理全国的农业，其职责之一就有屯营田。司农寺的上级机关是六部之一的工部，这是宋代屯营田的最高管理机构。工部设有屯田郎中和屯田员外郎，负责掌管屯田、营田之政令及其"租入、种割、兴修、结纳之事"。

屯营田劳动者的权利和义务 宋廷在开办屯营田时，拨给货易钱，作为购买农具、牛畜、舟车和兴屯工本费用。每名军兵拨给多少土地史无明文，保州曾有1万多亩屯田，分由370多名军兵耕种，平均每人耕地27亩余，可知大概。至于屯兵应交纳多少租赋，宋廷未做出规定，似乎是把全部收成上交给官府。在西北，曹玮屯田时，弓箭手每人给田200亩，出甲士1人，给300亩的出战马一匹，并免征地租。鄜、延、环、庆、泾原及河东州军大概也是如此。有的地方给地100亩，蕃官200亩，大蕃官300亩。有的地方则不足100亩，如大顺城西谷砦强人弓手每人给田80亩，能自备马匹的给40亩；刘综在镇戎军开办屯田务，利用2000军兵耕种5万亩屯地，使用耕牛800头，平均每人耕田25亩。还有一些地方按其家口数，分给数量不等的闲田。仁宗时，弓箭手开始交纳地租，其中一半留作弓箭手自用，一半充本处公用。不过，由于各地土质有差别，租额并不一致。如熙河兰湟路弓箭手每亩纳租3斗5升，草2束；而代州宁化军弓箭手，川地每年每亩纳租5升，坡原地每亩3升。显然，前者重，后者轻。弓箭手屯田所需的种粮、牛具、造屋的费用由官府贷给，等到获得收成后以粮草折合偿还。禁军、厢军屯营田所需的一切费用及器具则由政府无偿供给，并且他们还要领取军饷，但他们耕种100亩屯营田，要把全部收成上交给官府。当然，也有采取分成租制的，如岷州曾招纳蕃汉兵民屯种荒闲地，就是依照乡原的办法平分收获物，官、私各得一半。不过，岷州地处偏远，具有特殊性，不能据此证明其他地方也是如此。对于官府贷给弓箭手屯田所需的各种器具耕牛，宋廷专门编制了"丁产簿"，登记弓箭手姓名、屯田亩数、农具、种粮和佃户等，分由经略司和本城寨保管。

此外，弓箭手和屯田禁军还要参加军事训练和防御边界。宋廷规定，每100人为1屯，数屯合为1堡，屯兵平时在将校领导下从事耕作，农隙时则习练武技，一旦有敌人来犯，则悉出掩击。宋廷按弓箭手武艺的精熟程度把他们分成四等，同禁军混合编制，进行训练。

边防屯营田的效果 北宋在河北、河东、陕西等边防区开办的屯营田具有很强的军事意义，有些地区的屯营田也收到了明显的效果。天禧年间，河北有屯田42万多亩，年收入29400多石，平均每百亩收入7石，其中以保州屯田最为突出。当时，保州有屯田1万多亩，年收入18000~20000石，平均每百亩收入180~200石。40余年后，河北屯田仅剩下3.6万多亩，年收入35468石，平均每亩收获近1石，属于中等水平。可见，河北屯田在日益缩小。不管怎么说，宋廷通过屯田，把河北的霖雨水潦田开垦成水稻田，把水稻推广到河北地区。更重要的是，宋廷通过修建沟渠堤堰，栽种树木，大大加强了防御能力，使辽军铁骑不能在平川上自由驰突，因而宋廷十分重视河北屯田特别是那里的水利事业。

相比之下，宋廷更重视西北沿边屯田。真宗时，裴济在灵州兴办屯田，"民甚赖之"。仁宗时，种世衡在青涧城开营田20万亩，"城遂富实"。周美屯田于葱梅官道谷，每年收获谷物6000石。通过屯田，宋廷开辟了大量闲田旷土，积蓄了一些粮食，为国家减少了军费开支。《宋史》称，北宋在西北的屯田，节省了2/3的开支。自宋与西夏开战以来，陕西沿边军民吃尽了苦头，仅从鄜、坊二州向延州运粮，两年之内，兵夫役死冻殍逃亡了900人，费粮7万多石，钱1万多贯，只运到粮食21万石，因此，兵民吁嗟，"谓之地狱"。其他地方也大致如此。自开置屯营田后，这种情况大为改善，范仲淹等人曾说，开置营田后，"兵获羡余，中崃（音 lái）于官，人乐其勤，公收其利，则转输之患久可息矣"。同时，通过屯田，士兵携家带口，耕种分给的土地，并免去了沉重的徭役负担，使他们产生了"顾恋之心"，因而人自为力，力耕死战，相互扶助，安心守卫边塞。因此，宋人称赞弓箭手"守边捍御，藉为军锋，素号骁勇"，这是与屯田分不开的。

总的来看，北宋边防屯田并不很理想。真宗以后，由于宋、辽关系趋于缓和，地方官逐渐懈怠，玩忽职守，堤塘年久失修，宋廷虽不断采取措施以期加强屯田，但屯田仍很快衰败了。神宗初年，河北屯田收入不偿所费的现象就已引起了朝廷的注意。不久，地方官就请求将屯田出租。

在西北地区，由于宋、夏长期交战，宋廷始终重视那里的屯营田，其状况要比河北好，但也出现了得不偿失的现象。

边防屯田之所以效果不理想，有诸多方面的因素。

首先，唐朝以来，大土地私有制取得了绝对的支配地位，土地私有化观念日益深化，租佃关系盛行，而北宋在边防区的屯营田却带有浓重的军事隶农性质和徭役性，其经营方式比较落后，因此影响了屯营田的进一步发展。其次，屯营田劳动者的地位十分低下。弓箭手都要刺手背，有的番兵左耳还要刺字，这是对他们的污辱歧视。弓箭手名为招募，实为强征。梅尧臣曾就实际推行情况做了一首诗，诗中说："谁道田家乐，春税秋未足，里胥扣我门，日久苦煎促。盛夏流潦多，白水高于屋，水既害我菽，蝗又食我粟。前夕诏书来，生齿复极录，三丁籍一壮，恶使操弓韣。州籍今又严，老吏持鞭扑，搜索稚与艾，惟存跛与目。田间敢怨嗟，父子各悲哭，南亩焉可事，买箭卖牛犊。愁气变久雨，铛缶空无粥，盲跛不能耕，死亡在迟速。"可见，强征来的弓箭手处境艰困，其生产积极性绝不会很高，战斗力不可能太强。当时人就指出，陕西五路弓箭手"类多贫乏，或致逃走"。弓箭手家人和内地"浮浪之人"常常到泾原投充弓箭手，抢占空闲土地，时人称为"强人"。他们不纳分毫租税，一旦遇到西夏入寇，就全家逃走；等到风平浪静，仍回泾原。所以，弓箭手人数虽多，朝廷却得不到什么利益。此外，北宋在屯营田的组织管理上弊端重重。屯田管理机构重叠，造成事权不专，颇失措置，加上许多屯地处于极边，屯田官根本就不去管理；而提举文官又玩习翰墨，多务安养，不愿冲冒寒暑，下到屯地，催督开垦。屯田官的素质也不高，武将以屯田为耻，文官又多不习农事，他们为了受赏升官，往往欺瞒朝廷，片面追求屯地和弓箭手的数量，"妄行招刺"，却不认真加以管理。有的地方屯田官强迫编户农民分种"远年瘠薄无人请佃逃田"，每亩收取数斗租课，而官庄土地每亩只收一二斗。由于战争连年不断，"科率劳弊"，农民连自己的土地都无法耕种，根本无力耕种营田，也交不出租课，州县官却百般追索，致使民怨沸腾。因此，韩琦、范仲淹等人请求将屯营田出佃，而仁宗却下令停罢陕西内地州军营田。然而，事实上这一命令并未得到认真贯彻执行，陕西屯营田一直到北宋末、南宋时仍然存在。

尽管北宋边防屯田的效果不是很理想，但仍起了很大的作用。由于北宋在西北推行了屯营田，加强了军事力量，最终迫使西夏主元昊媾和纳款。后来北宋又大败西夏，宋朝终于在西北地区取得了军事上的主动权，大大向西拓展了边境线。当然，北宋之所以能在西北地区取得重大战果，是有很多原因的，但有一点可以肯定，屯营田之功是不可没的。

（2）内地屯田和营田。

与汉、魏、唐一样，北宋的屯田和营田具有很强的加强边防的性质。除了在北部、西北部沿边地区设立屯营田外，北宋政府还在内地设置了大量屯营田。

宋初只在襄、定、唐、汝等州设有营田使或营田事，其中定州位于与辽接壤的北部边防区，而襄、唐、汝三州屯田则是地道的内地屯田。所以，北宋内地屯营田与边防屯田是同时出现的。

太宗末年，陈尧叟、梁鼎、陈靖等先后建议在陈、许等内地开设屯田。真宗继位不久，便应转运使耿望的请求设置营田务，令耿望和京西转运使朱台符兼本路制置营田事，并从所属州县借调人夫和耕牛，开出2万亩稻田，当年就获得好收成。同时，恢复汝州南务营田，开田6万亩。这次营田似乎具有实验的性质。后来又改招人户41万，但不久又免招，营田务也随之废除。耿望还在襄州设稻田务，聚兵买牛，屯种稻田3万亩。景德元年（1004年），真宗令相州罢办牛具，选取士兵，在不堪牧马的草地上设置屯田庄，进行屯田。次年，又在靠近西南少数民族的施、黔二州开办屯田，当年就收粟万余石。

江南地区也有大量屯营田，其中福建的屯田至迟在真宗时就已经有了。仁宗天圣六年（1028年），宋廷下令江南东、西两路，把逃亡百姓的田土充作屯田，招人佃种，依例收征夏秋租课，并永不起税。这说明了内地屯营田的普遍性。四川地区除前述的施、黔二州有屯田外，奉节、巫山也有营田，而且是五代后蜀遗留下来的。仁宗时，知唐州赵尚宽修复陂渠，招集流民，按人口给与荒田，贷给官钱买牛，3 年间，万顷荒废田全部变成膏腴，民户也增加 1 万多。这是典型的营田方式。

据《文献通考》记载，宋神宗时，开封府界诸路管辖的省庄屯田、营田、稻田务及司农寺户绝水利田和都水监官庄淤田司管辖的田地共有近 4500 万亩，其中都水监淤田司仅有 5 万多亩，再去掉户绝水利田，可以看出开封府界诸路的屯营田数相当可观。熙宁七年（1074 年），沅州、桂州也开置了营田。元丰年间，宋神宗批准都大提举淤田司的请求，派使臣（宋代官员对下一级武臣的通称）到京东西开垦 58 万亩官私瘠地，其屯田使用的劳动者应是厢军、乡兵或禁军。元丰二年（1079 年），神宗又把雍丘县黄酉等 10 棚牧地改为营田官庄。元祐元年（1086 年），哲宗批准蔡州西平、上蔡二县租佃屯田的民户只纳租课。

总之，北宋在内地也陆续开置了屯营田。这些屯营田遍及今天的河南、湖北、安徽、江西、江苏、四川、湖南、福建诸省，分布范围相当广泛。其中，在西南与少数民族聚居区相连的一些地方的屯营田，其性质与北部和西北部屯营田一样，具有增强边防的意义。内地营田和屯田的土地主要来源于荒地，也有逃亡农民多年遗下的土地，个别地方则是五代遗留下来的屯田。

内地屯营田也有军屯和民屯两种类型。

内地有许多地方利用士兵进行屯田。太宗时，陈尧叟曾建议征发江淮下军散卒进行屯田，只不过并未实行。

65

四 宋辽金元时期的屯田

耿望在襄州设立营田务，就是用士兵来耕作。1005 年，许逖恢复襄州营田，仍采用兵民屯田。沅州屯田开始时由自愿应募的士兵耕种，后改为募民租佃，后来又改由 13 名指挥率领 4281 名弓弩手（乡兵的一种）进行耕种，直到钦宗时，弓弩手才被抽调走而不返。

内地屯营田广泛采取募民租佃的经营方式。太宗时，陈靖建议募民营田，官府供给农具种粮，五年后开始征收租税。耿望在京西路设立营田务，就是从所属州县借调民夫。真宗曾下令江南荒地屯田一律招募百姓佃种，而不管他们户下是否拥有土地。可见，募民佃种屯营田的方式相当广泛。仁宗时，赵尚宽在唐州募民，按人口多少给与荒地，贷给买牛钱。这里所招募的百姓就是史书中常说的"人户"、"民户"，一般指北宋乡村中的主户即中小地主和自耕农、半自耕农。同时，也允许客户即佃户租种屯营田。如澶州和京东、河北等地就曾招募客户屯田，官府供给种子，并选派官员负责其事，秋后分成收租。这种客户可能是佃农，也可能是地主。不过，当时招募佃户屯田的现象似乎并不普遍。

内地屯营田由于远离边防前线，相对地讲，其军事意义不是很强，因此常有官员反对在内地开置屯营田，武官也以从事屯田为耻。同时，与唐以前内地屯田不同的是，宋代内地募民屯田一开始就采取了租佃形式，使得许多屯营田如同福州屯田那样，逐渐私有化了。因此，内地屯营田的经营效果并不太理想，许多官员也常借此攻击、指责屯营田的实行。早在太宗时，就有人屡次建议屯田，都因有人反对而未能干出成效来。襄州屯田在始设时就有争议，设立后又屡次停罢。曾有人指责襄、唐二州屯田所得甚微，仁宗便派刘汉杰等人前去调查。结果，刘汉杰奏称：襄州屯田自开设以来，所收租课共计 33 万多石，折钱 92365贯，而每年支出的官吏、屯田卒及其他费用竟达 13 万多贯，共亏损 4 万多贯；唐州也亏损了 1.4 万余贯，的确得不偿失。因此，仁宗下令废止襄、唐屯田。同样，荆湖北路转运司官员也曾说，沅州屯田务自设立以来，一直得不偿失。由此可以看出，内地屯营田存在着严重的经营管理不善的问题，难以收到实效，尤其是军屯更加突出。因此，内地的屯营田往往难以持久，常出现时兴时废的现象。其中有相当多的屯营田已改为招人租佃了，而募民租佃的屯营田又难免像福州那样逐渐向私有土地转化。

内地屯营田范围虽广，却并未像边防屯田那样受到北宋朝廷的重视，其效果也难以与之相提并论。但总的来说，无论是内地还是边防屯营田的推行，都使大批劳动力得到了利用，大量荒闲田被开垦出来，宋廷的财政收入也随之增加了，这对北宋社会经济的繁荣和发展具有重要的意义。

 辽和金的屯田

（1）辽朝的屯营田。

辽的疆域十分广阔，它北至西伯利亚，南达海河、雄、霸、徐水一带而与北宋接壤，东起大海，西到回鹘、黑汗，西南与西夏相连，远比宋、夏庞大。但辽的经济十分落后，其军队主要靠掠劫粮草来维持。到辽圣宗（公元 983～1030 年）时，军队在边境地区开展了屯田。在西北诸部，每当耕作时，一人放哨，一人耕田，两人从事劳役，家属则从事畜牧业，这是明显的屯田戍边政策。开泰年间，耶律唐古在胪沟河、镇州推行屯田，连续 14 年获得丰收，积谷达数十万斛，效果还是不错的。太平五年（1025 年），圣宗任命韩橁为观察使、知易州军州事兼沿边安抚屯田使，说明这时屯田已具有相当大的规模。后来，圣宗又下诏免除屯军赋税，严禁借贷屯田粮食。辽在边界推行的屯田是为了保证军队的粮草能有可靠的来源，同时也对边远地区各民族人进行农业生产起着示范和推动作用，其意义是不容忽视的。

兴宗、道宗时期（1032～1100 年），辽朝政局稳定，边界上的屯营田有所增长。兴宗时，耶律合里只在与西夏交界处设立营田。重熙十三年（1044 年），辽廷选派南北府兵充实威塞州，以富者为兵，其余的在天德军屯田，以防御西夏。这些富者是辽部落中的平民，他们自备行粮守边，等到达屯田所在地后，已付出了一半的费用。无丁之家，只好出高价雇人代替。因此，戍卒和屯田卒大多不能自给自足，只好去借高利贷，结果即使卖妻鬻子也无法偿还，只好逃亡，或者死在屯戍地，而辽廷还要强迫他们的子弟去替补戍边屯田。在辽朝西部，戍守屯田卒的状况更是糟糕。

这些屯户实际上类似于国家农奴。他们虽然不纳赋税，但沉重的劳役地租却往往使他们命丧边塞，因此他们也常常逃亡。到道宗时（1055～1100 年），屯户逃亡的现象更加严重，使得屯营田很快就衰败了。咸雍四年（1068 年），辽军打败阻卜，留下军队在那里屯田，结果军队大多逃走，辽廷虽处分了两名官员，但也于事无补。

辽的屯营田主要分布在北、西北、西、西南和东部边境上，还是比较普遍的。但辽很晚才开展屯田，屯营田衰败得也很快，存在的时间并不长。到天祚帝时，辽面临着来自女真的日益强大的威胁，其屯田也就无法维持下去了。

（2）金朝的屯田。

金人从 1115 年建国起，花了 10 年的时间灭掉辽朝，次年又灭北宋，不久，就把其南部边界推进到淮河、大散关一线，但其北部边界仅仅到达兴安岭。因此，其经济是在辽、宋的基础上发展起来的，各地区之间的发展很不平衡。

金朝赖以兴起的力量是其兵农（渔猎）合一的猛安谋克制度。金人把各部民 300 户编为 1 个谋克，10 谋克合为 1 个猛安。随着金人逐步征服契丹、奚和淮河以北的汉等各族人，猛安谋克制就演变成了社会组织形式。起初，女真部民平时佃渔射猎，战时则自备粮食器械出征。天辅五年（1121 年），金太祖完颜阿骨打命婆卢火率领由各地挑选来的 1 万民户到泰州屯田，朝廷赐给耕牛 50 头。这是金朝最早开展的屯田。

一年后，又命完颜杲相机在山前、山后营田牧马，积蓄力量。太宗天会五年（1127年），完颜宗辅令大军在黄河两岸屯田。天会九年（1131年），金太宗令官府为刚刚迁徙戍边的民户赎回卖为奴婢的家属，给与耕牛粮食，委派官员督劝他们进行耕作；尚未到达戍地的则留在半路种田，秋收后再继续前进。这是金朝早期的屯营田。

金朝征服淮河以北地区后，开始把长城南北的汉人大规模地迁徙到东北即女真人的根据地，把东北的女真人、契丹人迁到长城内外和中原地区。皇统五年（1145年），金熙宗创设猛安谋克屯田军，把女真、奚、契丹等族人从其本部迁到中州，与汉人杂居，按人口多少给与官田，进行屯田。春秋时，官府给与衣装；打仗时，他们便自备钱粮出征。至此，自燕京南到淮陇地区遍布屯田军，村落之间筑满寨垒，多达五六万人。完颜亮迁都燕京时，把东北等地的宗室大臣以下不问亲疏远近的各猛安，一律迁到山东、北京、河间等地。

世宗大定二十三年（1183年），金朝拥有猛安202个，谋克1878个，总计达61万人户，其中大名府、山东、河北、关西诸路的屯田军约有130多个猛安，计39万多户、390多万人，约占猛安谋克人口的63%，数目极为可观。这支庞大的屯田军以女真人为主，也夹杂一些契丹人和奚人，具有浓厚的民族色彩。他们主要分布在黄河沿岸的内地进行屯田，这与汉以来以边境为主的屯田制度有显著的不同，其目的既在于加强对汉人的控制，也使猛安谋克户通过屯田自谋生活资料和军粮器械。因此，它虽然激化了民族矛盾和阶级矛盾，遭到各族人的广泛反抗，但客观上看，屯田军与汉人杂居，促进了各民族之间的融合和相互间的经济文化渗透，也促进了女真人的封建化进程。

屯田军耕种的土地主要来自公田，包括官田、荒闲地和强制搜刮来的私田。金廷给与屯田军粮种、耕牛和农器，以牛具和人口为依据计口授与屯地，每3头耕牛称为1具，配田404亩余，分由25人耕种，每年纳粟1石。天会四年（1126年），金廷令内地诸路1具牛赋粟5斗，从此成为定制。金人称这种税制为牛头税或牛具税，这是一种向封建租佃制过渡的中间形态。封建个体小农经济正是从计口授地制中滋生发展起来的。屯田军虽与汉人杂处，但金廷并未用女真人的制度去统一汉地，而是保留了北宋的制度，使两者并存于各地。对于屯田，金廷还规定，每40亩种桑1亩，并禁止毁坏树木。

屯田军都耕种屯地，但到世宗时期，猛安谋克屯田户贫富分化的现象已十分突出。世宗公开承认屯田户新强旧弱，差役不均。山东、大名等路的屯田军由于骄纵奢侈，酗酒闹事，不进行农业生产，世宗因而派官员去做调查，责令屯军亲自耕作，有剩余土地方许招人租佃。有的屯田军"种而不耘"，听任农田荒芜，只知向佃户收租，甚至逼迫佃户预交两三年的租课。由此可见，屯田军出租屯地的现象已是很普遍的事了。屯田军拥有大量奴婢，可以多占土地，却只令积极性不高的奴仆耕种，结果使土地荒芜了。到大定二十二年（1182年），世宗只得下令把屯田军按其贫富状况分成上、中、下三等，承认屯军的分化。泰和元年（1201年），章宗申明旧制，禁止屯田军毁坏树木和出卖土地，否则将处罚屯田军及所管长官，同时还减免牛头税的1/3。3年后，又制定"屯田户自种及租佃法"，企图以法令来维护军屯，但屯田上的弊端依然如故。金朝末年，金廷搜刮六路民地为公田，屯田军乘机多占民地，而原有主人还得向官府输纳赋税。可以说，此时的屯田已严重地衰败了。

宣宗时，蒙古军攻占金中都（今北京）、河北、河东、山东等90多个州，迫使金人迁都南京（今河南开封）。上述各地的猛安谋克户也扶老携幼一齐迁到黄河以南，不几年，就出现了普遍的饥荒现象。同时，猛安谋克户严重缺员，以致有的谋克只有25人，4个谋克就组成1个猛安，猛安谋克制已是名存实亡，猛安谋克屯田制度也随之趋于瓦解。贞祐四年（1216年），有人说屯田军仰食于官府，全家安坐待哺，已不知屯田为何物了。因此，金廷诏令各帅府军队开展屯田。有的军队愿意以屯田解决生计问题。例如，完颜仲德在陕西收集流散军士数万人，依山扎栅，屯田积谷，采用的就是唐、宋的军屯制度。也有的军队害怕官府不再供给粮食而拒绝屯田。侯挚等则募民为兵，每人给地30亩，贷给种粮，秋后收取粮课，农闲时仍隶兵伍，且耕且战，这仍是军屯，只不过与猛安谋克屯田军的屯田制有所不同，而与历代的兵屯相类似。

除上述屯田军屯田外，金朝在沿边地区也设立了类似于历代边防屯田的军屯。金廷从军队中抽调人员组成镇防军，分番更代，防卫边界。在西北边界有分番屯戍军、永屯军和驱军，其中驱军由免除奴婢身份的辽人组成，驻守于泰州。这些军队战时出征，平时屯田，且耕且战。此外，金末在陕西、河东各路设有与北宋弓箭手相类似的土兵、义士、蕃汉弓箭手，他们不仅负责保卫边防，也参加屯田。但金已面临亡国，弓箭手和镇防军屯田也难以阻挡蒙古铁骑。至蒙古灭金，金的屯田也就完全结束了。

 南宋时期的屯田和营田

（1）屯营田的地域分布。

南宋政府在边防区和内地，普遍设置了屯田和营田。

金与南宋的边界线基本上稳定在淮河—大散关一线，其中两淮（淮南东西两路）、荆襄、川陕地区是双方激烈争夺的地方，那里所受的破坏也最为严重。为了应付战争，稳定局势，宋廷在这些地区设置了大量屯营田。其他一些边界地区如沅州，自北宋以来就有营田，宋廷从当地拣选招填 2000 人，教习武艺，让他们承佃营田，防备西南少数民族。

南宋继承北宋的作法，在内地开设屯营田。陆九渊说，江西临江军的新淦、隆兴府的奉新、抚州的崇仁都有屯田。应、潭、郴、鼎、澧、岳、复、荆门、龙阳、循、梅、潮、惠、英、广、韶、南雄、虔、吉、抚、南安、临江、汀等州军也都有营田。这些营田分布在今天的湖北、湖南、江西、福建、广东各省，其中相当一部分是五代十国和北宋时遗留下来的。也有一些屯营田是新设的。绍兴元年（1131 年），宋廷在江、南康、兴国等州军的千里赤地上设置营田。绍兴六年（1136 年），又在湖南全、道二州和桂阳监空闲处开办营田，调兵 500 人在澧州营田。绍兴十九年（1149 年），在两浙路荒田上开展的营田就在都城临安附近。

总之，南宋的屯营田，遍及包括北部边界和内地在内的所有辖区，其中两淮、荆襄、川陕的边防屯营田，始终占据最重要的地位。

（2）屯营田的经营方式。

同历代屯田相比，南宋内地屯营田并不具有很强的军事意义，宋廷也并不以强制性的严密组织管理屯营田，而是基本上采取一般官田的经营方式，招纳自愿租佃的农民来耕种，收取地租。通过这种方式，开垦了大量土地，也使大批劳动力回归到土地上，从而使国课大为增加。因此，宋廷很乐意在荒闲土地上开办屯营田。

一般来说，屯田和营田是有区别的。屯田产生于汉武帝时，系由军兵耕种，直到北宋时仍大致如此。南朝时出现营田之名。直到南宋，人们一般仍认为营田系由招募的农民耕种的。到北宋时，屯营田已无大的区别了。南宋时这种情况更加普遍。如将军屯称作营田，而募民耕种的营田也常被叫作屯田。因此，南宋时屯营田的名称，已不再能反映出屯田内容的区别。

南宋屯营田有的利用军兵耕种，有的则是募民而为，其经营方式大致有三种类型。

第一种是传统的由国家调拨军队组织进行的屯营田。淮南东路江都天水县有屯田 300 多万亩，就是分拨军队趁时耕种的。绍兴六年（1136 年），澧州调来数百军兵进行营田。这种方式称作"差拨"。差拨来的屯军按月领取钱粮，称为"请受"或"请给"，这种情况一直到宋末仍然存在。有时，请给是折支稻米。如南宋后期，和州屯兵 1500 多人，其月粮折支稻米，每石收取 3.2 斗。

第二种是军兵自愿租佃屯营田土地，类似于民间的租佃制。这种形式在北宋时主要存在于西北地区，到南宋时才开始流行起来。绍兴三年（1133 年），张纲等人制定了有关屯营田的《15 条》政策，后来又对 15 条加以修改补充，其中有一条规定地方官要劝诱军兵耕作，秋后按民间普遍实行的分成租的办法，分给屯军一定比例的粮食。绍兴三年后，樊宾、王弗受张浚的委托，制定了屯田政策《12 条》，经高宗批准后，在淮南、江东西路推行，其中第 5、第 6 条规定，不能参战的下级军官士兵有愿租佃屯田的，官府应拨给空闲土地，到秋后，扣除明年的种粮，把余下的粮食按分成租的形式由官、兵平分。军兵租佃屯田，原则上是完全自愿的，但由于他们仍是军兵身份，故还要另置名籍。上述两份文件是正式的法规文件，它的制定反映出南宋屯营田的管理体制有了进步。制定《12条》两个月后，李纲建议允许江湖诸路自行招诱包括军兵在内的自愿承佃人进行屯田。第一年免除租课，并发给钱粮，秋收的粮食由官府购买；次年收取1/3的租课；第三年后收取一半租课，不再给与钱粮。这一建议得到了批准和实施。绍兴十八年（1148年），赵叔滂提议对不能参战的下级官兵租佃屯田，官府按民间的方式，收取收获物的3/5作为地租，其余则归屯军所有。这说明宋廷基本上推行了《15条》和《12条》。一般来说，军兵承佃屯营田，其租制多采用对分制，也有的采用四六分成制。同时，这些军兵仍领取月粮，其待遇是比较优厚的。有的则更为优厚。孝宗隆兴二年（1164年），宋军新败给金人后，措置杨、楚、高邮、盱眙、天长等处屯田，选取官兵承佃屯田，而官府并不收租。不过这里与金朝接壤，有其特殊性，其制度并不适用于其他地区。

这两类都是军屯，屯田的军兵包括熟习战斗的现役军人，庐州的屯军是禁军，澧州则调拨厢军从事农作，楚州使用的却是山东忠义军，许多地方还利用弓兵即弓手、土兵和民兵进行营田。除现役军兵外，还有所谓"不入队"、"不披甲"（即不能参战）的军兵和"拣退军兵"、"拣汰军兵"（即退伍兵以及"军中之老弱者"）等也参加屯营田。

两宋时，租佃制广泛流行于私有、国有土地上，而差拨军兵进行屯营田则是一种强制性的、落后的劳役派遣的土地经营方式，它不利于农业生产的发展，因而这种屯田往往得不偿失。太平州营田官兵有 240 多人，一年仅收稻麦 3200 多石，折钱 3400 多贯，而他们一年的月粮竟达 28000 多贯，所收还不抵两个月的口粮。在这种情况下，宋廷逐渐认识到对屯军"若不诱之以利，未易即工"，因而逐渐推广屯田军兵租佃制，这是与当时社会中租佃制的流行趋势相适应的。尽管宋廷推行租佃制是被迫的，但毕竟是一种进步。

第三种经营方式是北宋时已经采用了的大量招募农民耕种屯营田的形式，南宋时，这种作法更加流行。《15 条》中有 4 条对招募百姓租佃屯营田做出了规定：军兵屯种的剩余土地应招集失业之民进行屯营田，并减轻其租课，将屯田军民分开，以免双方发生冲突。同年，韩世忠措置建康营田，就是采取了募民佃种的方式。李心传在《建炎以来朝野杂记》中称："自此以后，营田专用募民"，虽然言过其实，但募民佃种屯营田逐渐被推广却是事实。绍兴三年（1133 年）后，制定了《12 条》，其前言中说，江淮营田效果不佳，现改照民间体例，招募庄客即佃户承种，随后开列了招民承佃的 12 条具体规定。这 12 条由政府统一执行，大大推广了屯营田募民承佃这一形式。乾道五年（1169 年），宋廷两次下诏令镇江等逐州逐军地把屯军收招入伍，遗下的屯田改由募民佃种。此后，类似的诏令屡见不鲜，说明高宗时特别是孝宗以后，许多地方的军屯逐步改由募民佃种，使募民佃种屯营田的形式日加普遍。

（3）屯营田土地及其地租形态。

南宋屯营田土地主要来自官田，包括无主空闲荒田、没官田、户绝田等，尤其是无主荒地数量很大，成了屯营田最主要的来源，这在两淮、荆襄、川陕地区最为突出。还有一小部分来自私人土地。大将张俊之子张子颜曾把他家私有的真州、盱眙水旱田1.5万多亩献给朝廷作为屯地，不过孝宗支给了田价。韩世忠曾措置建康屯田，允许无力耕种私田的田主与官府合种私田，由官府贷给牛具、种粮，收获粮食后，扣除两税和牛具、种粮费用，其余的由田主和实际耕种的屯田户瓜分。其后，宋廷又规定，田主5年不归的，其土地归屯田佃农所有。此外，两浙路营田也有一部分土地属于私有土地。

对于屯军和租佃屯营田的佃户，宋廷规定给与一定数量的土地，但并不整齐划一，各地之间差别很大。南宋初，南邮营田平均每人耕种10亩。《15条》中说，由于人力不足、田有肥瘠差别，难以规定一个固定的数额，各地可根据各自的情况自行分配，一般熟田每人20亩，荒田无限额。《12条》则规定，250人耕种5000亩屯田为一屯庄，平均每人20亩，这是熟田。淮西屯田则规定每人不限数额，可量力承佃。淳熙（1174～1189年）中期，湖北鄂州营田则是以每百亩3人耕种为标准，每人种田30多亩。光宗绍熙元年（1190年），河州开办屯田，军兵5人种水田100亩，陆田每人不超过两三亩，则每名军兵平均分得屯田20多亩，剩下的由"弩手"耕种，每人可得80～150亩。

宁宗嘉定七年（1214年），漳州营田官庄招募佃户319人，开出水陆田1.6万多亩，平均每人50亩。总之，各地之间屯田军民耕种的数额并不一致，有的差别还很大，宋廷并未做出统一规定，而是由各地视其具体情况来掌握。

在屯田军民领得土地的同时，宋廷还向他们提供耕牛、农具、种粮和农舍，有的还贷给工本钱。《15条》规定，弓兵屯种荒田，应稍增其钱粮，贷给官钱购买牛具、种子，其收获物全部归公。后又依照佃户的办法，分给乡兵一些粮食，充作犒赏，待遇虽有所提高，但都是收取劳役地租。对于租佃屯地的军兵，宋廷仍发给月粮，并按对分制或四六分成制收取地租，官府收取收获物的一半或6/10。前面曾提到，孝宗时，扬、楚、高邮、盱眙、天长等处屯田不收租课，其收获物全部归军兵所有，而且官府还负责置办耕牛、种粮及盖房用的竹木，并发给月粮。不过，几年后，上述屯田也改成了对分制，官府收取收获物的一半作为地租。和州也曾在数年内未向耕种水田的军兵收取租课，只有陆田采取了对分制。不过，并非所有的地方都对屯军如此优待。如江陵屯田就改为把收获物的2/10用于购买耕具，其余的才由官府和军兵平分，这样屯军就减少了1/10的收入。宋代佃户租佃地主的土地，普遍交纳对分制地租，佃户若使用地主的牛具，交纳的地租可占收获物的6/10～8/10。因此，军兵租种屯田交纳的地租是比较轻的，这正是屯营田属于国有，征收的地租呈地租赋税合一所体现出来的特点。

宋廷募民营田时，一般也供给牛具、种子甚至房舍，其中耕牛有时是无偿供给，有时要征收牛租。有时官府还贷给工本钱，并且还免除屯田民户的差役科配。最优厚的还在承佃的头一年免征租课，从第二年开始才收取分成租。对可以种稻麦的两熟地，宋廷只收一季的地租，并在第一年只征 1/10 ~ 2/10，第三年后才每年增加 1/10，直至 5/10 为止。此外，宋廷还分给每名屯营田佃户不收租课的菜田 20 亩。这些待遇不可谓不优厚了，但这些只是少数地区或一时的现象，更多的还是采取四六分成租制，只不过与屯田军兵不一样，而是官四佃六，或在初期官四佃六，次年开始采取对分制；也有的地区完全采取对分制。总的看，屯营田佃户享受的待遇还是比较优厚的，比军兵的待遇略好，更优于国家普通编户的处境。

除分成租外，宋廷还在一些屯营田上征收定额租，定额租最低的每年每亩交纳定额 0.5 斗。绍兴二年（1132 年），淮南营田司募民佃种荒田，每亩征租 1.5 斗，后因太重，改为 0.5 斗。有的地方如襄阳木渠营田，则是 0.6 斗。有的是每亩水田纳粳米 1 斗，陆田纳小麦和豆各 0.5 斗，合计定额 1.5 斗。有的更高，上等田每亩征租 2 斗，中等田 1.8 斗，下等田 1.5 斗。最高的如理宗淳祐七年（1247 年），江苏昆山、太仓营田每亩征收 3 斗。总的讲，各地地租定额数并不一样，大体在每亩 0.5 ~ 3 之间，差别很大。而当时民间定额租一般在每亩 7 ~ 10 斗之间，有的甚至在 10 斗以上，这比屯营田定额租高出 5 ~ 10 倍。宋廷向主户征

收的两税一般为每亩 1 ~ 3 斗，夏税钱数大至 300 ~ 400
文。可见，屯营田定额租比较接近于两税，这也反映
出作为国有土地的屯营田，其租课具有地租赋税合一
的特点。

此外，个别地区采取的是雇工的方式。如宁宗年
间，荆襄、两淮营田由军屯改为募民承佃，每人分给
若干亩田，给与耕牛、种粮，每天付给工钱，作为雇
佣之值。这是一种雇工的方式，付给的工值可以是货
币，也可以是实物。但这种现象并不普遍。而南宋后
期，屯营田的租课改为课钱的现象相对普遍一些。宁
宗时，奉新旧营田每亩征米 0.5 斗、钱 60 文。孝宗
时，丹徒县营田夏季征收钱 804 贯、大麦 2510 斗，秋
季收钱 1230 贯、米近 3 万斗。金坛县营田夏秋共收到
钱 2151 贯、麦米 1 万多斗。理宗时，三阳县屯田收取
租钱 4420 多贯、麦 560 斗余、料近 14 万斗。可见，租
课改征钱币已不是个别现象。

（4）屯营田土地的私有化。

北宋时出现的屯营田土地私有化现象，到南宋时
更加严重。

屯营田本属国有，南宋皇帝常把屯营田土地当作奖
品赐给臣下。早在绍兴五年（1135 年），高宗就把 300
亩绍兴府屯田，赐给立有战功的海州知州，并豁免其租
税。同时，又把 3000 亩两浙屯田赏赐给皇后之弟。此
后，高宗又把兴元、建康、利州、荆湖、浙东等处的
屯营田，赏赐给大将吴玠、韩世忠、杨政、刘琦、李
显忠、王友直和皇弟赵�等人，其数额为 2000 ~ 7000

亩不等。这里面，有的是赏赐给功臣，有的则是贵族公开索取的。

比赐田更为经常的是朝廷出卖屯营田土地。北宋时曾大规模出卖官田（包括一些屯营田）。到神宗时，官田由 4400 多万亩锐减至 600 多万亩。南宋时，官田数量有所回升，但南宋从一建立就开始出卖官田。建炎元年（1127 年），高宗下令出卖被没收的蔡京、王黼等人的庄田。绍兴二年（1132 年），高宗令诸路委派官员一名，限期一个月，将辖下的官田招标拍卖，卖得好的有赏，否则将重加黜责。随后，宋廷又两次申明这一命令，并允许任何人购买官田，只要出高价就行。这是一种招标、投标新的出卖方法。绍兴二十九年（1159 年），宋廷鉴于浙西营田（共 159 万亩）有 67 万多亩被官僚地主侵占而收不到地租，遂决定将屯地拍卖。乾道二年（1126 年），又命户部侍郎曾怀一专门负责出卖诸路营田。由于各地屯营田得不偿失，遂将四川以外的屯营田出卖。乾道九年（1173 年），宋廷委派折知常等 4 人分别到浙西、浙东、江东、江西拍卖营田和没官田。折知常为此还提出 4 点建议，允许地方官吏地主收购官田。不久，又命诸路出卖官田房屋和营田。随后，两浙、江东、福建、广东等地上报拍卖官田估价 400 万贯，朝廷遂下令限期一个季度将官田全部卖出，结果因遭到反对而改为限期一年。孝宗认为，官田往往被官僚地主请佃兼并，不如出卖，收取赋税。有人统计，截至 1166 年，宋廷出卖官田共收入 540 多万贯，尚余价值 140 多万贯的官田未能卖出。从绍兴末到淳熙十四年（1187 年），宋廷共卖出官田 700 多万亩，其中屯营田占了很大一部分。可见，南宋出卖屯营田的规模很大。屯营田土地出卖后，转归私人所有，屯营田也就自然地化为乌有了。此外，《15 条》中还规定，流寓寄居和形势户（即官僚地主当权派）可以不拘数额承佃屯营田，他们耕种满 2 年（后改为 3 年）又不拖欠租税的，可将屯营田占为己有和自由买卖，只需经官府在契约上盖印即可。通过这种方式，许多屯营田在短期内转归私有了。宋廷在出卖屯营田的过程中，也暴露出许多弊端。许多官员指出，户部出卖营田时，"富家大姓"和"有力者"勾结牙吏通同作弊，以好充次，压低价格，使官僚地主率先投标，以低价购进上等田，而中下等田却要定出高价，结果无法卖出。所以，出卖屯营田，"公平者少，容私者众"。宋廷还规定，承佃屯营田的佃户可以 8 折优待购买所耕屯地，但上等田已被人以低价买走，这项规定对佃户并无多大实际意义。

宋廷规定，因战争等原因逃亡的田主，应在三五年内认领已成为屯营田的原有土地，过期就收归国有。许多人便利用这条规定，勾结地方官吏来冒认屯营田。到绍兴二十三年（1153 年），高宗只好下令，认领屯营田的人，必须按每亩 5 贯 500 文的标准交纳工本钱。但仍有人买通官吏，诈称是田主的子孙，前来认领。这些都是在合法的外衣下干的非法占地的勾当。

更为严重的还是赤裸裸的抢占。绍兴十年（1140年），有人揭露说，许多人以承佃屯营田为名，冒占膏腴土地，动辄数千，地方官却缩头而不敢管。宋廷规定，品官不得请佃官田，许多品官却诡名冒占屯营田，数十年不交一粒租粮。浙西营田有 67 万亩被州县公吏和形势户通同管占，却拒不缴纳租课。到乾道六年（1170 年），浙西营田被人侵占的已达 76 万多亩。淮西屯营田被包占的情形也非常严重，有的人侵占的土地一天都走不到头，交纳的租课却只有几斗几石。大体上说，淮南地区每承佃 1 亩营田，就有 100 亩被侵占，根本无法核查，也不能核查，否则就会"大摇人心"。这种情况十分普遍。到淳熙年间，淮西屯田已全被"豪强之户冒耕包占，无由考实"。襄阳木渠屯田在开创时有 30 万亩，到后来只剩下不足 10 万亩，其中还有 7.32 万亩被人包占，近 2 万亩成了民户税田。南宋初，川陕营田有 26 万多亩，年收入 23 万石；后增加到 100 万亩，年收入却下降到 10 万石。造成这种状况的原因，在于"豪将猾民"包占土地，却拒不纳租。边防屯营田私有化现象如此严重，内地也就可想而知了。

有的屯营田被长期承佃后，已被民间买来卖去，民间称为"资陪"，官府还为之"立契字"，盖上官印，收取牙税。这样的屯营田称作"省庄"，收取的租课称为"苗屯米"，上交到中央。新淦、奉新、崇仁等地就是如此。这些虽有屯田之名，但已不属国有，至少其土地所有权已被分割。

总之，南宋时期，大量国有屯营田土地迅速转入私人手中，一方面使屯营田大量消失或名存实亡，另一方面壮大了地主的势力，这是宋代大地主土地私有制迅速发展的折射反映。

（5）屯营田的历史效能。

南宋初到孝宗时，由于战争连绵不断，导致田野荒废，人口严重流失，触目之处，尽是凄凉景象。南宋政府通过开办屯营田，开垦了大量荒地，把废墟变为稻浪麦海，使之重现了生机。

绍兴六年（1136 年），樊宾在江淮抚恤流民，开办营田，当年收谷 30 多万石，仅官府就收入 10 多万石。宋廷在靳、黄设立 20 多所屯庄，仅以很小的代价，就使大批饥民解决了生计问题；而流民安于生产，盗贼也因此大大减少了。宋廷在一些地区招募农民开展营田，给与优待，从而调动了佃户的积极性，改善了他们的生活，这对生产的发展是有利的。同时，宋廷要求在屯营上种麦，也对在南方推广种麦起了推动作用。

江淮、荆襄、川陕的屯营田具有很强的军事意义。荆襄屯田有 8 万亩左右。枣阳有 10 个屯庄，收获达 15 万石。有人认为，荆襄屯田开创之后，荆州军食多靠营田供给，为朝廷节约了一半的军粮运输开支。尽管这一说法有所夸大，但仍说明荆襄屯营田确实起过积极作用。在川陕，宣抚副使吴玠在梁、洋、成、凤、岷、兴元等州郡设立了 60 个屯庄，有屯田 8.5 万多亩，年收入达 20 万石，逐渐解决了令人苦恼的军粮供应不上的问题，因而受到高宗的嘉奖。吴玠的继任者又在兴、金、大安等州军开置营田近 32 万多亩，仅官府每年就收入 20 多万石，粮仓里装满了粮食，使朝廷水运给川陕军队的粮食减少了一半多，因而"军民安乐"。绍兴二十一年（1151 年），关外四州营田也获得地租 21 万多石。后来有人追述川陕营田，说营田开创之初只有 26 万多亩，年收入达 23 万石，宋廷因而停止两路和籴。到嘉定年间，梁、洋、兴元等关外五州又开出屯田 100 万亩，两年收入 68 万石，因而"边实人足"，百姓"翕然从之"。可见，川陕屯营田也起了很好的作用。边防屯营田不仅一度解决了近半数的军粮问题，稳定了军心民心，而且使大批荒田被开垦成良田。当时就有人指出，两淮和荆襄的膏腴之地已差不多全被垦辟了，实行屯田仅仅数年，便已是"公私兼济，仓庾盈溢"，这说明南宋屯营田具有积极作用。

不过，这一估计过高了。早在绍兴初年，就有不少人指出，除荆南屯田外，其余都成了虚文。这样的估计又过于贬低了屯田的效果，但许多屯营田效果不佳却是事实。多年以后，有人指出："言屯田者甚众，而行之未见其效。"就连宋高宗也了解到，将帅不能尽心尽力措置屯营田，未有大效。张纲制定《15 条》后，在江淮推行屯田，结果未见到什么效果。其后樊宾、王弗制定《12 条》，继续屯田，当年就收获 31 万石，官府也因此得到 11 万石，差不多收回了 23 万贯的成本。因此，人们普遍认为这次屯田效果不错。但仍有人不断进行指责，朝廷便派人去调查。结果发现，王弗等人不仅强迫百姓进行营田，官府得到的 11 万石也是从百姓手中夺来的，并不是营田的结果。王弗因此被罢官。其他地方的屯营田也有类似现象，因而遭到许多人的指责。

南宋屯营田尽管在某些地区一度取得了一些好成绩，但从全国来看并不令人满意。造成屯营田效果不佳的根本原因，在于南宋政治的腐败。高宗承认，朝廷虽制定了很多有关屯营田的条例，但各地并未形成一套比较完整、切实可行的规章制度，而是朝令夕改，迄无定论。而从开置屯营田之初，宋廷就大量出卖屯地，或把土地赏赐给臣下，官僚地主也不断侵占屯营田，这不仅使屯营田大片大片地消失，也严重影响了各级官吏兴办屯营田的积极性，屯营田的效果自然难以令人满意。

4 元代的屯田

（1）屯田的开置与分布。

元代的屯田始于成吉思汗的蒙古汗国时期。蒙古到处用兵，其主要目的是掠夺人口和财物。1214 年（当时蒙古国尚无年号），成吉思汗在阿尔泰山东麓的阿鲁欢筑镇海城，安置金廷献上的公主和 1 万多俘虏，并令其开展屯田。此外，成吉思汗还任命王忙古歹为西京、太原、真定、延安四路屯田的达鲁花赤，主管四路屯田，这应是利用俘虏和招集来的人口进行的屯田。一些降蒙的金朝官吏和地方豪强也仿照金人的作法，开办了一些屯田。如 1219 年，霸州等路元帅石抹孛迭儿，率领士兵在固安水寨进行屯田。1221 年，山

87

东东平严实招降石城，也在那里开办屯田。上述屯田既有军屯，也有民屯。

从窝阔台到贵由汗（1229～1248 年）时，蒙古统一了北方，并开始攻宋，屯田随之得到推广。1235 年，窝阔台调发平阳、河中、京兆 2000 民户到凤翔进行屯田，并赋予屯田官"专杀"的特权。这次屯田解决了凤翔地区大部分军粮供应的问题。1240 年，窝阔台任命梁泰为宣差规措三白渠使，置屯田司于云阳县，并调集俘虏 2000 户、木工 20 人、牛 1000 头，给与部分衣装和口粮，屯田的收获用于供军。这些是民屯。1234 年，张柔令 1000 名军兵在襄城皇王度进行屯田，但效果并不太好。这是军屯。也有军屯、民屯并举的。例如，贵由汗令军民和流民在兴元开垦数十万亩屯田，据说每亩收获粮食 100 斗，仓库里都装满了粮食。上述屯田集中于宋蒙边境，其目的是为了满足对南宋战争的需要。

1251 年蒙哥汗即位后，加强了对南宋的攻势，屯田因此有了显著发展。1252 年，受命管理"汉地"的忽必烈，在汴（今河南开封）置（屯田）经略司，以忙哥、史天泽、杨惟中、赵壁为经略使，陈纪、杨果为参议，在唐、邓等州开展屯田，并在邓州设屯田万户，任命史权担任屯田万户，调拨军队和耕牛进行耕作。这是蒙古汗国首次设立的屯田管理机构。同时，蒙哥汗又将原迁至邓、唐、均、襄、樊五地的百姓迁至唐、邓屯田，4 年积谷达 70 万石。后来蒙哥汗下令撤销了新设的屯田机构，屯田随之废弛。忽必烈即汗位后，恢复了河南屯田。1261 年，他任命史权为江汉大都督。1265 年，命阿术、阿剌罕所部蒙汉军在孟州以东、黄河以北及南至八柳树、枯河、徐州等地开展屯田。1269 年，调发南京、河南、归德诸路百姓 2 万户，到唐、邓、申、裕进行屯田，以支援攻打襄樊的蒙古军。但由于屯田效果不佳，元廷将这些屯田户遣返回籍，改调南阳百姓屯田，并置营田使司进行管理，不久又改为南阳屯田总管府。1253 年，忽必烈任命石常山为总管，率兴元军队和宝鸡驿军在凤翔和兴元屯田。1261 年，又下诏令凤翔屯田户归平阳军队管理，专职屯田，不许出征。从此，屯军与作战部队分离。1264 年，忽必烈把凤翔屯田迁至兴元。1261 年和 1264 年，绥德、商州开办了屯田。1272～1273 年，京兆（今陕西西安）之西出现屯田，不过这只是为了供应安西王府。四川屯田发展得更快。汪德臣首先在利州开办屯田。1262 年，元廷又调四川前线部队之一部回到利州屯田。次年，刘整奉命在潼川、泸州一带屯田。1265 年，元廷令四川行枢密院分兵屯田。1269～1272 年，夔州路、保宁府先后建立了屯田。1273 年，又组织四川百姓和义士军 2224 户进行屯田。1274 年，元廷在四川置西蜀四川屯田经略司，统一规划四川的屯田事务。1262 年，忽必烈建立侍卫亲军左、中、右 3 卫，在永清、益津、武清、香河等地开展屯田，垦田达 30多万亩。1266 年，又征调归化民在清州兴济县屯田。

在漠北，1270～1274 年，蒙元在怯鹿难、乞里吉思、和林等地置办了屯田。1264～1274 年，在西北部

89

四 宋辽金元时期的屯田

的中兴、西凉、甘、肃、瓜、沙等州进行屯田，屯田民户达5万户。同时，云南中庆等路也组织开展了屯田。在淮西的于寿、颍二州则设立屯田府，任命别的因为达鲁花赤，总领那里的屯田。

自成吉思汗以来，蒙元屯田发展得越来越快，并对蒙元的统一和北方社会经济的恢复起了重要作用。

元朝统一中国后，屯田以更大的规模发展起来。元世祖忽必烈至元十四年（1277年），平宋战争已基本结束，忽必烈遂下诏：圣旨到日起，半年内无人认领的土地，一律视作无主荒闲田，可由他人认种，或由地方官组织农民进行屯田。从此，屯田成为固定的制度并得到推广。

由中央机构管理的屯田有如下几个系统。

枢密院管辖的侍卫亲军各卫，屯田军达36000～37500多人，屯地达近160万亩，分别位于东安、永清、益津、河西务、荒庄、霸、保定、涿、定兴、河间、武清、红城、燕只哥赤斤、清、新城、大宁、潮河、苏沽河等地。此外，直沽屯田达1000万亩，屯军有7000人，元廷为此设立了镇守海口屯储亲军都指挥使司。直沽屯田大大超过了前述屯田的总和，不过直沽屯田只存在了两年。

至元二十三年（1286年），重建的大司农司辖下的屯田有三个机构：永平屯田总管府（滦州）、营田提举司（武清）、广济署（清、沧二州），共有屯户7000户，屯地270多万亩。

管理宫廷饮食的宣徽院，辖有淮东淮西屯田打捕总管府（位于涟、海宁等两淮各地及腹里的沂州）、丰闰署（丰闰县）、宝坻屯（大都路宝坻）和尚珍署（济宁路兖州）等机构，共有屯田 257 万亩，屯户13000 余户。其中淮东淮西屯田打捕总管府，有屯田近152 万亩、屯户 11743 户，是元代最大的屯田机构之一。

（2）各行省所辖屯田。

岭北行省是蒙古的发祥地，元廷在那里驻有重兵，并在和林、怯鹿难、乞里吉思、谦州（又作谦谦州、欠州）、五条河、称海（镇海）、海刺秃（今蒙古乌兰巴托东南）等地开设屯田。其中和林、五条河、称海屯田规模较大，元廷不断加强那里的屯田，并设立称海、五条河屯田万户府、宣慰司，后改为总管府。可惜，岭北屯田兴废不常。

甘肃行省的屯田集中在宁夏府路（即中兴府）、亦集乃路和甘、肃、瓜、沙等州。在甘肃行省以西，元廷一度在西域别石八里（今新疆吉木萨）、阇鄽（新疆且末）、合迷玉速曲和斡端（新疆和田）等地开展了屯田。

陕西行省屯田分布在京兆、栎阳、泾阳、终南、渭南、安西、平凉、延安、凤翔、镇原、彭原等地，以上屯田共有 58 万亩、屯户 7500 户，归陕西屯田总管府管理。陕西等处万户府则辖有周至、宁州、德顺州等处屯田 8 万多亩，屯田军兵 2600 户。至元二十四年（1287 年），元廷以巩昌都总帅府所属 5000 人军队屯田于六盘山；成宗元贞二年（1296 年）又在六盘山至黄河一线建立屯田，共用军队 1 万人，但后来就不见下文了。至元十九年（1282 年），元廷在延安路探马赤草地开办屯田近 5 万亩，有屯户 2027 户，由延安屯田打捕总管府（又称贵赤延安总管府）管理，后又划归行省领导。至元十五年到二十年（1278～1283年），元廷一度在开成路设置屯田总管府，开置屯田。

河南行省的屯田发展最快。军屯主要集中于两淮地区。至元二十三年（1286 年），元廷建立淮南洪泽、芍陂两处屯田万户府，利用蒙古军、汉军、新附军、募民、盐徒和盗贼等耕种屯田，共有屯户 3 万多户。民屯主要在南阳，最初由南阳屯田总管府管理，后改归地方政府，共有屯户 6041 户、田 100 多万亩、牛4000 头，划分为 6 屯。德安府屯田是军民混合屯，有军民屯户 15200 多户，分为 10 屯，由军民屯田总管府领导。河南省屯田约有 700 万～800 万亩。

腹里屯田主要属枢密院、大司农司管理；属于地方的，分别归大同等处屯储总管府和虎贲卫亲军都指挥使司管理。前者位于西京即大同路的太和岭、黄华岭，有屯田 50 万亩、屯军 4020 户、屯民 5945 户；后者屯田位于开平（今内蒙古正蓝旗境内），有屯军3000 户、佃户 79 户、屯地 42 万亩，分为 34 屯。

辽阳行省的屯田规模不大。统一前，婆娑府已有军屯，后迁到鸭绿江以西。统一后，元廷在瑞州开办屯田，置大宁路海阳等处打捕屯田所；设浦峪路屯田万户府，立屯于咸丰府；设肇州屯田万户府；建金复州万户府，屯田于哈恩罕关东荒地。上述屯田总计有屯军屯民 4870 户、屯地 26 万亩。1285 年，元廷又抽调部分军队到黑龙江东北极边的水达达去屯田，不久并入金复州新附军万户府。

四川行省共有屯田 29 处（包括军屯 20 处、民屯 9 处），分布在四川各路。其中成都路有 15 屯，分属成都等路万户府、夔路万户府、广安等路万户府、保宁万户府、叙州万户府、顺庆军屯、嘉定万户府、河东陕西等路万户府、兴元金州等路万户府、平阳军屯管辖，合计有军民屯丁 7500 人。其余顺庆路、重庆路、夔州路、潼川府、广元路、叙州路、嘉定路等地的屯田，共有 33000 多户。

云南行省共有军民屯 12 处，屯户 31000 户左右，屯地 68 万多亩，另有 2 处数字不明。这些屯田遍及云南各地，由提举司、总管府或宣慰司负责管理。所不同的是，云南屯田亩制为"双"，1 双合 5 亩，屯地主要来自私有土地，官府拨给的土地只是少数。

湖广行省有屯田 3 处，即海北海南道宣慰司都元帅府民屯、广西两江道宣慰司都元帅府撞兵屯田和湖南道宣慰司衡州等处屯田，共有屯地 16 万多亩，分由 14600 多户军民耕种。

江浙行省的屯田分布在南安县、漳州、汀州等地。

江西行省的屯田情况是：成宗大德二年（1298 年），元廷调集寨兵、弓兵和漏籍人 3265 户，在赣州路信丰、会昌、龙南、安远等处屯田，耕种 5 万多亩土地。同年，又在吉、赣屯田，并设赣州路南安寨兵万户府统领之。

综上所述，元代的屯田发展很快，遍及腹里和各行省，这是自中国有屯田以来所未有过的。

（3）屯田的经营和管理。

元代屯田的管理体制比较复杂。一般说来，枢密院所辖军屯由在各卫内设立的专门负责屯田的千户所进行管理。侍卫亲军每卫 2000 人，分左右手屯田千户所。其后各卫仿此，并根据其实际人数，设立若干屯田千户所，有的还设汉军、新附军千户所。地方军屯多设屯田万户府负责管理，还有一小部分归当地驻军万户府领导。民屯的管理机构更为复杂，既有专门的管理机构，如隶属大司农司的永平屯田总管府和营田提举司、宣徽院的淮东淮西屯田打捕总管府、宁夏的营田司、陕西的屯田总管府等，都属这一类；也有划归地方政府管理的，如南阳府民屯、四川和湖广等地的民屯都归州府县管理；还有一类属某些机构自行设立的，如大司农司辖下的丰闰署、尚珍署的屯田和云南提举盐使司的屯田等。云南各宣慰司兼管军万户府和各路的军民混合屯，显然属宣慰司兼管军万户府或各路总管府。

军屯的基层组织为千户所，民屯的基层组织为提举司或提领所。上述基层组织之下各辖有若干屯，屯一般是根据自然条件来划分，人员并不固定。如陕西屯田总管府有终南等 4 所 48 屯，民屯户计 4800 多户，平均每屯 100 户余；而陕西万户府各屯则为 200～900 户不等。元代把军事组织的万户府—千户府—百户—牌子头（10 户）编制运用到军屯上，设有万户、千户、百户、弹压、牌子头等军屯官，有的屯似乎也设有百户。福建汀州屯田在百户以下以 3 人组成 1 组，耕种 45 亩地，共用 1 头牛及各种农具，每 3 人为一个生产单位。军户制度也适用于军屯。军户承当军役，由 1 户或数户供承 1 名军兵，其家属仍在原籍。屯军一般只有个人在屯耕作，并可在秋后回家，甚至可以把耕牛牵回家。新附军的一部分是全家迁到各处屯田。元代军屯户有 28000 多户，共 86000 多人，其中只身屯田的占 4/5，全家屯田的只占 1/5 左右。全家在屯的，可以家庭为生产单位；只身在屯的，则可以若干人组成一个生产单位。民屯户与军屯户有所不同，他们或由签发、收集而来，或由招募而来，一般是全家入屯，也可能是以家庭为生产单位。不过，民屯各屯管理人员的情况并不清楚。

军屯户一般从现役军人中强制签拨而来，包括新附军、汉军、蒙古军及其他一些民族的士兵。新附军屯田集中于 1263～1316 年间，尤以忽必烈时为多，其屯田点遍及元朝辖区各地。汉军屯田主要位于腹里，其次是岭北、河南和四川，其他地区的极少。蒙古军屯田的不多，主要在腹里、河南、岭北、四川等地。中亚的康里、钦察、斡罗斯等族士兵是侍卫亲军的一部分，他们参加了腹里屯田。云南、湖广的少数民族如爨、僰、猺、撞（今为壮）、黎等则在其故土参与屯田。

忽必烈屡次下诏选调贫穷和年老不堪出征的军兵组成屯田军，但随着屯田的普及，元廷开始调遣能征惯战的军队去屯田。全国统一后，元廷尽可能地调遣新附军去屯田，以分散原宋军的力量，防止他们大规模反抗，并可发挥其农业生产的特长。还有一些屯田是出于军事或经济的需要开设的，元廷也往往选调合适的军队开到屯田点去屯田。

侍卫亲军屯田大体按 2∶8 的比例抽调屯田军，即每 1 万人中抽出 2000 人去屯田；有的地方如颍州、徐州、邳州则按 2∶1 的比例即每 3 人中抽出 2 人组成屯田军，但这似乎只限于地方驻防军。统一后，抽调屯田军似乎不再有明显的比例。总之，侍卫亲军抽调屯田军的比例比较固定，其他军队则无明显的比例。

屯田军一般与作战部队相分离，专职屯田，但两者的界限又是相对的，其职责可以相互转换。有的屯田军在从事一段时间的屯田后，又调回本翼，或代之以其他军队。1289 年，枢密院制定了《禁约诸军例》，规定屯田军的职责是且耕且战，如果所管官吏滥收老幼或驱丁充当屯田军，遇到调遣出征时不能应付战争的需要，就要将该官吏治罪。这说明屯田军具有耕战的双重职能。但由于战斗和屯田都需相对的专业化，军人必然出现老弱伤病人员，加上需要对一些不可靠分子的控制，屯田军与作战部队的分离，就成了一种不断加强的必然趋势。

屯田军是世袭的，他们一旦出征，元廷就往往签发军户家的未成年子弟去屯田。此外，元廷偶尔也把屯田军解放为民。如 1290 年，元廷把寿、颍两地 1999 户屯田军解放为民，而代之以江南驻防军。

屯田民户的成分很复杂，除从民户中强制签发和

小部分招募外，还有相当一部分来自漏籍户、阑遗户
（官府收留的流散人口）、索阑奚人户（包括失去土地
的农民和逃亡的奴婢）、放良人户（自由了的奴婢）及
盗贼等。从民族成分上看，则以汉人居多，其余还有
蒙古、女真、合剌鲁、畏兀儿、爨、僰、黎等族。其
中，漏籍、阑遗、索阑奚、放良人、盗贼等往往是社
会不安定因素。他们参加屯田后，不仅增加了劳动力，
而且减少了社会不安定因素，在一定程度上把消极因
素化成了积极因素。因此，屯田不仅发展了经济，也
稳定了社会政治局势，是巩固国家政权的一种有效手
段。

除云南民屯土地为屯民自备外，其余地区的屯军
屯民都由国家配给一定数额的土地、农具、耕牛和种
子，屯田的收获物则按定额或分成制以实物的形式交
给政府。屯地数额并不统一，一般在 50～150 亩不等，
最多的每户可达 1000 亩，最少的则不足 10 亩。这些
土地主要来自荒闲田。元初以来，由于战争频繁，黄
河流域以至长江以北出现大量荒地。元统一后，这些
地区的屯田迅速发展起来。对于耕牛，侍卫亲军平均
每人 1 头，耕田 50 亩，这是最多的。其他各卫则无统
一规定，可多可少，多的 4 人使用 3 头牛，少的 4 人
仅有 1 头牛。这些牛称作"官牛"，官府要造专门的簿
籍进行登记。如发现牛只死亡，屯户要交出牛皮和角，
官府才将死牛除名，并购买新牛补给屯户。但官吏往
往假称牛只死亡，借机贪污中饱；有的官吏还强迫屯
户以高价购买官吏贩来的牛只，从中牟利。同时，有

的狡猾屯军在秋后还家时贱卖耕牛，次年还屯时却声称牛只死亡，要求供应正军的"贴军户"出钱替他买牛。这说明，有的屯牛是要屯军自己买补的。每年年终，政府要根据屯田额、收获物、耕牛、是否有隐匿公有财产等情况，对屯田官吏进行考核奖惩，不过实际上并无多大效果。关于农具，汀州每名屯军有斧头、镰刀、锄头、铁耙各1件，每3名军人共用犁、耙各1件，因而汀州1500名屯军共有农具7000件。其他地方的情况估计与汀州差别不大。至于屯田民户，如果是签发而来的，应当自备农具。由于各地自然条件并不一样，政府供给屯户的粮种也不统一。汀州屯军每人有地15亩，供给谷种9斗；而芍陂屯军则每人供给10斗。

屯田地租征收的方式有定额、分成两种，而以定额为主。大同路太和岭屯军每人屯种50亩，年纳租300斗，平均每亩6斗，这是很高的，其租率在5/10以上。汀州屯军每亩纳米6斗，正好是种子的10倍。陕西屯田总管府民屯每200亩纳大麦200斗、小麦200斗、粟100斗、草100束，折合每亩2.5斗，这一比例也不算高。总的来看，北方的租额比较重。分成租见于淮东淮西屯田打捕总管府，屯户使用私牛的，纳4/10的地租；使用官牛的，则纳5/10的地租，这与宋代差不多。

元廷规定，屯田军民户交纳地租后，不再服差役、力役。但元廷常自食其言，征调屯田军民承担杂役。如至元十三年（1276年），忽必烈调泸州屯军4000人替官府往重庆运粮。至元十六年（1279 年），调襄阳屯田户 400 户代替军队到驿站上去服务。元贞二年（1296 年），抽调洪泽、芍陂屯军 1 万人去修大都城。可见，屯田户的负担还是很重的，元廷对他们的优待自是一种空言。不仅如此，屯田官吏也想方设法盘剥屯田户，有的强迫屯户购买他们贩来的高价牛；有的强迫屯军耕种官吏的私地，替他们搬运货物，遇到灾祸，就说自己的受灾田为屯田，把有收成的屯田占为己有；有的携鹰放犬，到处打猎，践踏禾苗；有的让子弟奴仆包揽屯田，盘剥屯户，致使屯户有冤而不敢申诉。

屯田上的弊端远不止这些。习惯了在马背上生活的蒙古人并不轻视土地，屯田官吏从未停止过侵占屯地的行为，与屯田无关的官吏也不能忘情于此。阿合马、桑哥是忽必烈亲信的"理财专家"，都曾侵占大量屯地，御史中丞董文用强烈言辞指责二人的行为，竟被调任他职。成宗时，芍陂、洪泽屯田被占去 3 万多亩。顺帝时，上都虎贲司所属字答、乃秃、忙兀三处屯田也被豪强有力者夺占。两淮屯田打捕总管府的屯田竟被占去 35 万多亩。从某种意义上讲，官田（包括屯田）如果得不到很好的管理，就很容易被兼并。

由于屯地大量被占，屯田户的负担又很重，致使屯户大量逃亡，到仁宗末年，汀州屯户已逃亡一半。截止到顺帝至元二年（1336 年），两淮屯田打捕总管府的屯户逃亡 6700 多户，占总数的一半以上。屯户大量逃走，给屯田带来很大的危机。武宗承认，天下屯田 120 多处，由于管理不善，都已废弛。为此，元廷不得不对屯田加以整顿。整顿的措施之一是"经理"或"钩考"，即对各处屯田进行清查，以期追回丢失的土地、劳动力、耕牛及其他财产。元廷任命何玮为河南行省平章政事，提调屯田事，经理河南、荆湖屯田，使两地屯田每年增加米粟近 120 万石。仁宗命董恕经理右卫屯田，使仓库里堆满了粮食。措施之二是调动屯田官吏。世祖时规定，屯官 3 年一调动，但后来竟出现 15 年不调的情况。仁宗初年，枢密院重申将屯田千户、百户、弹压等官吏通行递相交换的制度。措施之三是赈济屯户，蠲免其地租。屯户生活困苦，难以维持简单再生产，被饿死之事屡见不鲜，陕西屯军曾饿死 1950 多人。为了维持屯田的进行，元廷不得不赈济屯户，蠲免租赋，有时一年内就赈济蠲免了 4 次。

这些整顿措施只不过在某一时期、某些地方起了一些作用，但解决不了根本问题，屯户的地位、状况依然如故，屯田的瓦解趋势也不能因此中止。元中期以后，屯田废弛的现象日趋严重，这与元朝整个社会矛盾日趋激化、政治日益腐朽的趋势是一致的。

（4）元末的屯田。

顺帝至正十一年（1351 年），元末农民大起义爆发，两淮、河南、湖广、江浙等地的屯田很快被战火摧毁，南粮北运的漕运线也被切断，大都出现了严重缺粮的现象。从至正十二年（1352 年）始，元廷在汴梁设都水庸田使司，在河南建立 8 处屯田。次年，以丞相脱脱兼管大司农司，在大都附近的西山、保定、河间、檀州、顺州、迁民镇等地大规模开展屯田，并建立分司农司，给钞500万锭，购买牛具、粮种和招募农夫，种植水稻。随后，元廷又把武卫屯地、各衙门官田、宗仁等卫屯地、掌薪司土地划给分司农司，调拨徐州、汝宁、南阳、邓州等地荒田和官田，设立司牧署，为分司农司牧养耕牛。不久，又建玉田屯署、辽阳等处漕运庸田使司，都直属分司农司。这次屯田组织严密，规模庞大，耗资巨大，当年就收获20万石，缓解了大都粮食紧缺的现象。但1354年脱脱被罢官，他倡导的屯田也随之衰落了。不久，农民起义进入高潮，元廷又想起屯田这一法宝。至正十五年（1355年），元廷令各卫在京畿屯田，每人发钞5锭，凡有水田的地方，都设大兵农使司。不久，保定、河间、武清、景蓟等处设立了大兵农使司，其下设兵农千户所24处。次年，又在雄州、霸州设立屯田。这样，既生产了粮食以供应军队和大都的需要，又构成了京畿的严密防御体系。这次屯田由大司农危素主持，取得了不错的成绩，基本满足了大都和军队的需要，危素因此升了官。

与此同时，元朝一些地方官也组织了一些屯田。至正十五年（1355年），淮南行省左丞相太平在济宁至海州一带设立军屯，元廷颁给钞10万锭，设济宁军民屯田使，招募军民，一年就收入100万石。次年，董抟霄建议在黄河至江淮之间屯田。但不久，江淮、山东为义军所占，刚刚建立起来的屯田也就消失了。此外，至正十二年（1352年），余阙在安庆设立军屯，最多时一年收入3万石，使他有能力与义军对峙了好几年。

至正十九年（1359年），为挽救元朝的危难，元廷再次做出努力，大搞屯田，设立大都督兵农司和10道分司，在大同等地开展屯田。次年，在巩县设军州万户府。至正二十一年（1361年），在保定以东、河间以南屯田，当年就收获40万石。二十三年（1363年），在山东设立屯田万户府。二十五年（1365年），成州也开设了屯田。但这时元朝政治更加混乱，将领拥兵自重，相互攻杀，对义军的战争不断失利，屯田也无法正常进行下去了，使得元朝的粮食问题越来越严重，元朝不久也就灭亡了。

元末农民起义军和各割据势力为求生存，也开展了一些屯田。龙凤政权的毛贵在1357～1358年间占领山东，并在莱州等地建立了360个屯田点，征收2/10的地租。但至正十九年（1359年），毛贵被杀，山东大乱，屯田也随之瓦解了。割据浙西、淮东南的张士诚一度占领淮东北和淮西部分地区，其部将也曾扩大元朝设立的洪泽、芍陂屯田。在反元势力中，屯田成绩最大的是占据山东、浙东和浙西部分地区的朱元璋，他推行的屯田卓有成效，从而为他削平群雄、推倒大元、统一天下打下了物质基础。

五 明代的屯田

1368 年，朱元璋在南京称帝，建立大明政权。同年，明军把蒙元势力逐回大草原。之后，朱元璋又花费了十几年的时间，削平群雄，统一了中国。

朱元璋面临的重大问题之一，是如何恢复遭受战争破坏的社会经济并使之迅速发展起来。他采取的重大措施就是在全国范围内推行屯田，其规模之庞大、制度之完备，在中国古代屯田史上都是绝无仅有的。

明代的屯田有军屯、民屯和商屯，其中以军屯为主。

1 军屯

军屯产生于汉代。唐以前，军屯主要存在于边境地区。到了金代，军屯被推向内地。元代的军屯范围更超过了以往历代，军屯制度也渐臻完备，出现了职业屯田军，军屯的作用，已从局部补助军粮发展成全国性的供应军粮。明代的军屯较之金、元有了进一步的发展，其制度、法规和实施等各方面都十分整齐划一。

　　金、元统治者已经意识到，利用大规模的军屯可保证国家常备军的稳定，维持国家的统治。明太祖、太宗对这一点认识得更加清楚，认为国家兴盛的根本在于强兵足食。为了避免重蹈汉、唐以来，因百姓负担过重、人户大量逃亡而造成的国家统治力量被削弱、军队败坏的覆辙，确保明朝的长治久安，他们从一开始就明确通过军户制度、军屯制度，来建立一支庞大的、自给自足的、维护朱明王朝的常备武装力量。因此，明代的军屯达到了军屯史上登峰造极的程度，明朝人对此也非常自豪。

　　（1）军屯的建置。

　　早在称帝前，朱元璋在与群雄角逐的过程中就建立了军屯。最初，军屯采取营田的方式。元至正十六年（1356年）朱元璋升任吴国公，设营田司和营田使。两年后，吴良、吴祯兄弟在江阴开展屯田，以补助军饷，确保了江阴的安全。与此同时，朱元璋命元帅康茂才为营田使，在南京、龙江等处修建堤防水利，开展军屯。一连数年，诸将屯田只有康茂才取得较大的成绩，获谷物15000石，除满足所部军队外，还剩余7000石，康茂才因此受到嘉奖。至正二十三年（1363年），朱元璋再次申明军队屯田之令，命诸将屯田，且耕且战，以确保有充足可靠的军粮。这时，军屯已成为朱元璋军政的一个重要组成部分并得到推广。至正二十五年（1365年），大将邓愈又在襄阳进行屯田。

　　在进行统一战争的过程中，朱元璋陆续在各占领区内增设都司卫所，开办军屯。洪武元年（1368年），在滁州、和州、卢州、凤阳开办了军屯；占领大都后，在北平府、兀良哈地设立北平都司、大宁都司，分领若干卫所，先后在山西、贵州、河南、山东、北平、陕西、四川、重庆、辽东等地开置了屯田；又在宁夏、湖广、两浙、福建、云南设立屯田，修建水渠。各省的军屯建立后，一般都在不断地扩大发展。在此期间，朱元璋两次通令卫所军开展屯田，因此军屯发展得更快了。到洪武二十六年（1393年），明廷在全国共设都指挥使司（都司）17个、留守司1个、卫329个、守御千户所65个。一般地说，1个卫有5600人，1个千户所有1120人。仅这329个卫就有军184万人，其中大多数卫军是3/10守城，7/10屯种。因此有人估计，当时的屯田军不下100万人（65个守御千户所的屯军和因事充军屯种的尚未计算在内）。可见，明代军屯的规模非常之大。到永乐年间（1403～1424年），明廷制定了几种重要的军屯法令，军屯制度更加完备。从永乐元年到明末，明廷又陆续添设了一些军屯点。这些屯田，一类位于内地，如北京附近的京军屯田、天津卫屯田等。一类是少数民族地区新增的屯田。明后期，朝廷先后在自由坝、永宁、蔺州、遵义等地置卫屯田。还有一类是在沿边增设的屯田。永乐以来，朝廷不断在辽东、陕西、山西、北直隶、云南、贵州等地增设卫所，建立或扩大那里的屯田。

据万历年间重修的《大明会典》记载，当时明朝有都司21个、留守司2个、卫493个、守御屯田群牧千户所 369 个、仪卫司 25 个，少数民族地区有都司卫所 463 个。与明初相比，明中期的都司卫所数大大增加了，分布的地区也更加广泛，因此军屯也随之扩大了。

（2）军屯土地和军屯分地。

军屯土地 来源很复杂，有的来自官田、没官田、废寺入官田，有的是废田、抛荒田、绝户田，有的是空地，有的则是"夷田"，还有少数是交换或强迫交换的民田、还官的赐田、夺回的勋贵边将的庄田、牧马草场等。内地军屯土地主要来自官田、没官田、抛荒田、绝户田等，北边各镇屯地则主要来自闲田和荒田。天津卫军屯是个例外。万历三十年（1602 年），巡抚汪应蛟在天津购买闲地 1.5 万亩。天启二年（1622 年），官府又买民田和闲田 18 万亩。这近 20 万亩地都用于天津军屯。

明廷在拨给卫所军屯地时，尽量照顾给肥沃的和靠近城郭及卫所军驻扎地的土地。明朝的一些官员说："九边各省无不屯之军"，"例先择腴者以给官军"。有的地方还"以远田三亩，易城外民田一亩为屯田"。但这并不是说所有的军屯土地都是好地，其中也有不少例外，如山东、福建泉州卫、北直隶三河卫等的屯地就大多比较瘠薄，有的甚至坐落在丛山之中。同时，明政府不像元朝那样，把民田拨给军队屯田，因而军屯土地往往与民田犬牙交错，非常零散，有的甚至与屯军驻地相隔数百里，尤其是内地有很多类似的情况。

军屯土地的总数到底是多少？史书记载并不一致。

有的说，明初屯田有 9300 多万亩或 8920 多万亩。官
书《大明会典》记载的原额总数为 8930 多万亩。《明
实录》记载，成化二十三年到弘治十八年（1487～
1505 年），全国军屯土地总数大体稳定在 2900 万亩左
右，正德年间（1506～1521 年）猛降到了 1600 多万
亩。万历初，经过大规模清丈整顿，又回升到 6350 多
万亩，因此明初屯田总数至少应在 6000 多万亩以上，
最多可能达到 9000 万亩左右。

不管是 6000 多万亩还是 8900 多万亩，明代的军
屯土地数都超过了以往历代和其后清代的屯田（包括
民屯）总数，因此，明代的屯田规模是中国屯田史上
最大的。

明代的军屯，在洪武时已奠定了其规模基础，永
乐以后虽也增设扩大了一些屯田，但远不能同洪武时
相比。可以说，明代基本上有卫所就有屯田，卫所军
驻防在边防线、内地和少数民族地区，军屯也随着军
人的脚步从南京扩展到两京十三省各个地区，遍及明
朝辖地各区，其密集程度之高、规模之大，都可称得
上是空前的。

军屯分地　明廷令卫所旗军分军屯种，每名旗军
都分派给一定数额的屯地，这种"军屯分地"一般称
为"分"。政府在授给屯地时，一般都发给屯军一份像
户帖、户由一样的证件作为凭证。因此，有些地方又
把分地称为"由"、"票"或"纸"。

每分的数额并不一致。《大明会典》说："每军种
田 50 亩为一分。又或 100 亩，或 70 亩，或 30 亩、20

亩不等。"但由于各地自然条件、距离的远近、当地可拨给的田地数、地理位置重要与否都有所不同，各地屯田分地数量还是有很大的差距。

首先，从南京各卫所、南直隶江北诸卫向北，到山东都司和河南都司所属各卫、北京各卫（京卫）、北直隶诸卫，一直到辽东都司、万全都司、山西都司所属各卫，军屯分地都是每分50亩，而且始终未曾改变。其次，长江以南诸卫所，包括南直隶江南卫所及浙江、福建、江西、广东、广西、四川、云南、贵州等地卫所的军屯分地，亩数大致为12～32亩，有的是30亩、24亩、22亩，有的是20亩或18亩，人口密度最大的浙江，基本上是每分12亩。第三，湖广地区军屯分地多达60亩，少的也有36亩，永州卫分地为51.8亩。大致说来，36亩的分地应在湖南水稻产区，60亩的多在湖北丘陵地带。第四，陕西军屯分地一般为100亩一分，甘肃、宁夏两镇为50亩、100亩不等，其中甘肃镇分给旗军25亩的只有一例，且成了屯军的私产。此外，固原镇靖房卫每分为200亩，洪川、顺圣川等为250亩，但这只是特殊的例子。榆林卫平均每分650亩也恐怕是记载错误。以上是法令规定的各地军屯分地，大致反映了军屯分地的分布情况。

实际上，军屯分地与法令规定是有出入的。明初，陕西屯军分地为100亩，但延绥镇到嘉靖中期仅剩下90多亩。榆林卫则在万历时平均达到117亩。宁夏镇在永乐时也由50亩上升到了近59亩。云南军屯分地本为20亩，但到明中期却增加到32亩（平均）。贵州则由 20 亩降至 18 亩。内地的情况也差不多。宣州卫分数为 40 亩，介乎长江南北各卫之间。泗州卫本为 50 亩，实际上仅有 35 亩，直到正统年间才补足。后来，泗州屯军数不断减少，到后来分地多的竟达数百亩，少的也有 100 亩了。永州府屯军分地并不统一，多的有 200 亩，少的仅 20 亩。

九边是屯田的重点地区。嘉靖二十九年（1550 年），户部尚书潘潢向世宗报告说，大同实际屯田分地为 94.7 亩，比规定的高出 44.7 亩；山西镇实际分地为 64.4 亩，比法定的少 35.6 亩；辽东镇是 55.8 亩，也比规定的多出 5.8 亩；固原、延绥为 97.6 亩，比法定数少 2.4 亩；宁夏为 52.2 亩，比法定数多 2.2 亩；蓟州为 48.1 亩，比法定数也少 1.9 亩。这都说明军屯分地实际上与法定数目有出入。另外，这些数字是折算出来的平均数，实际上同一地区的军兵分到的分地数往往并不一样，有的高于平均数，有的则低于平均数。所以，法定的军屯分地数只是一个原则性的规定。

除了卫所军外，直接管理屯军的总旗、小旗也参加屯田，而且总旗和小旗得到的分地往往多于一般屯军。直隶金山卫屯军的分地为 20 亩，小旗为 24 亩，总旗为 30 亩。贵州各卫依次为 18 亩、22 亩、24 亩。按照卫所编制，5600 人为 1 卫，1120 人为 1 千户所，112 人为 1 百户所，每所设 2 个总旗、10 个小旗，1 个总旗一般管带 56 人，1 个小旗管带 11 人或 12 人。明初，全国有军队不下 200 万人，若以半数屯田，则将有 10 万小旗、2 万总旗参加屯田，他们得到的分地比屯军多，却与屯军交纳同额的屯田子粒，这也是对总旗和小旗的一种优待吧。同时，这恐怕也是造成屯田分地短额的一个因素。此外，明初规定，屯军1人只许领受1分屯田，但屯军若死亡，遗下的屯地可由正军以外的官舍军余领种，最多只许领种2分，多领的必须退回，否则将受到法律的制裁。

以上是正规的军屯，也就是分军屯种的制度。此外，还有与此有关的团种。团种的军士也有一定数量的分地，大同平房卫、山西都司所属诸卫的一些团种军人每人给地50亩，其他地方的情况不详。

（3）军屯的经营与管理。

屯田工具、耕牛、种子　法令规定，旗军屯田所用的牛、工具、种子都由政府供给。工部负责屯田、百工等事务，其下设有四部，屯部专管屯田，实际上负责供给军屯耕牛和农具。凡屯田所用犁、铧、耙、齿等，都由有关部门调拨官铁炭铸造，然后发到各卫。所用木材由屯军自行采办造用，凡是屯牛不够用的，即可移文索取。官府饲养的牛比较多时，应差人护送到用地。如路途遥远，可用官价就近收买。每年年终，要通报牛孳生的数目。后来，屯部改称屯田清吏司，仍属工部。

耕牛和农具对屯田来说至关重要，明政府为军屯配置耕牛的记载非常多。洪武二十年（1387年），明廷从四川买到耕牛2万头，分给云南屯军，后又配给云南屯军6770头。二十五年（1392年），朝廷拨给山西民兵钞300万锭，用于买牛。二十九年（1396年），朝廷给大宁卫屯军送去农具。永乐元年，朝廷在辽东征集1万头牛，准备扩大屯田。此后，一直到明末天启年间，朝廷仍在不断地为军屯配置耕牛、农具和种子。不过，政府在具体实施上已是逐渐懈怠、无动于衷了。

宣德以后，屯田清吏司所管的牛具种子等事务多转归有司即有关地方官府负责，明廷或令布政司铸造，或令地方政府把所藏农具分给屯军，或支用官银购买，或委托一些官员去铸造，这些有司包括布政司、府、州、县，或许还有宝源局（负责铸钱的衙门）。

明中期，在山西、大同马邑千户所、宣府、固原、肃州、蓟州、辽东等地产生了"牛具地"（或称牛具地亩）和"牛具银"（又称牛具地银）。牛具银即牛具收入所得，是用于购买屯军所需的耕牛农具的。牛具地由各镇、都司专门负责，作为补充屯种牛具的经常性措施。据记载，嘉靖二十九年（1550年），山西镇有牛具银470多两。万历初，大同有牛具地近130万亩，牛具银达8300多两。马邑有牛具地1万多亩，牛具银40两左右。肃州牛种银达1000两。那些没有牛具地、牛具银的地方，屯田所需的牛具种粮的供应，有经常性的供应和临时性的购买两种办法。购买牛具所需的银两由中央的太仓、布政司等支付。具体办法是由官府购买牛具后分给屯军，或把银两分给屯军自行购买。经常性供应的牛来自太仆寺。

每名屯军能分到多少牛，史无明文。南京诸卫大概每军给牛1头，广东的总旗和小旗每人给牛1头，屯军则 2 人共用牛 1 头。宁夏也是每人 1 头。甘肃贫军每人给牛牝牡各 1 头，此例通行于九边。陕西兰州、庆阳、凤翔诸卫则是每 100 人共用耕牛 40 头。宣府每名屯军配牛 2 头。这些只是零散的记载，其具体情况不详。

另一方面，明初以来，有的屯军根本就没有得到耕牛。洪武初，山东、河南、北平、陕西、山西、直隶等地有很多屯军自备耕牛。后来，朝廷虽规定，凡有屯田的地方都应供给耕牛，但事实上并非如此。宣德七年（1432 年），广宁前屯卫、宁远卫等屯军因没有耕牛，朝廷只得让他们到附近去借牛。辽东其他卫所、口外、宣府、万全都司、宁夏、南京等也有许多屯军没有耕牛。因此，有人把屯田荒芜归结为屯军缺乏屯牛、种子。实际上，许多屯军未从官府那里得到法定应得的屯牛、种子，这种情形到后来就更加严重了。

军屯的管理机构和管理 军屯土地和屯田子粒归户部管理，屯种旗军则隶属兵部（民户承佃者除外）。工部屯田清吏司（屯田主事）初时负责供应牛具、种子，后来连这项任务也没有了。

军屯生产的具体提督基本上由各军卫负责。最初的制度不太清楚。洪武二十五年（1392 年），朱元璋令各卫委派指挥 1 员，千户所委派千户 1 名，提督屯种。永乐二年（1404 年），朝廷又命都司卫所委任官员提督，屯军在 100 人左右的委任 1 名百户进行管理，300 人以上的由 1 名千户提督，500 人以上的归指挥负责。次年，又规定，每百户所（屯所）管旗军112人、100人、70~80人不等；千户统领10个、7个、5个或4个、3个百户；指挥带领5个或3个、2个千户；其上由提调屯田都指挥总辖。这一制度基本延续到明末。不过，上述规定只是最高限额，不一定非要达到这一标准不可。每个都指挥使司常设都指挥使1人、都指挥同知2人、都指挥佥事4人，其中都指挥使、同知和佥事各1人负责管理屯田。在各卫指挥使司，常设1名指挥使、2名指挥同知、4名指挥佥事，他们的主要任务是管理屯田。此外，辽东还有管屯把总，宁夏有屯田水利都司、理刑屯田水利同知，大同有屯田都司，这些只是特殊机构，不是通制。以上大小管理屯田的官员通称"管屯官"。在都指挥使之上，有的地方还设有总兵官负责屯田。在基层，百户所以下还有总旗2人、小旗10人，1个总旗直接带领56名屯军，1个小旗带管5~6人，他们既参加屯田，又作为小军吏直接带管一些屯军。从某种意义上讲，总旗和小旗类似于里甲编户制度中的里长、甲长，故又称之为旗甲。总之，上述管屯官员可以按照下列顺序由小到大地表示出来：小旗—总旗—百户—千户—指挥佥事（屯指挥）—都指挥佥事（管屯都指挥）。

这些官员都负有管理屯军屯田的责任，因此，朝廷对他们制定了相应的赏罚制度。1404年明廷规定，对上述大小官员的赏罚，根据所管屯田收入的子粒数量而定。一年之内，军士在供应生活所用的120斗米之外能剩余120斗的，百户赏钞100锭，千户110锭，指挥 120 锭，都指挥 130 锭。剩余 60 斗的，所管官员不赏不罚。仅剩 50 斗的，扣除百户 1 个月、千户 20 天、指挥 15 天、都指挥 10 天的俸禄。总旗和小旗及屯军也要根据所剩余粮的多少支给全部或部分月粮，甚至不支给月粮，以示惩罚。总的来说，这一制度表明各级管屯官层层负责，职位越高的受赏越重，受罚越轻；职位越低的受罚越重，受赏越低。

上述官员的具体责任还是有所区别的。指挥、千户主要是提调屯田，都指挥专管督察，如果屯田效果不佳，只处罚指挥和千户。总兵官的具体职责不明确，大概也是督察。

在边防线上，屯所之外还建有屯堡。一般来说，军屯生产组织以"屯"为基本单位，屯的基层组织是屯所即屯田百户所。但从洪武二十年（1387 年）开始，朝廷陆续在云南、宁夏、甘肃、大同、宣府、辽东等边防地带设立了屯堡。屯堡由几个屯或屯所合建而成，泛称屯田营寨，其目的在于保护屯田。平时，军士进行屯田，一旦发现敌人来犯，就携带物资收缩入堡，固守待援。因此，屯堡也就成了一定数目小屯所的中心组织了。屯堡有大小之分。有的地方如开原大屯堡下有 4~7 个屯所，各有专名；有的地方如宣府则以千字文编排屯堡，共有 703 个。屯所、屯堡的上层管屯官大概没有什么分别，而直接督率屯种的，在屯所为总旗和小旗，在屯堡大概是屯老或叫屯头，也许还叫屯长、屯副。

在中央，户部参与盘量屯田子粒的事务。在地方，承宣布政使司（各省最高行政机构）布政使下设左右参政、左右参议，分守各道，同时也负责辖区内的屯田事务。其下是府，各府知府之下设有同知、通判，负责本府的屯田事务。除上述行政官员外，还有监察官负有监督屯田事务的责任。中央都察院设有十三道监察御史共100多人，他们除了纠察百官，还要巡视屯田。在各省，与都司、布政使司平行的提刑按察使司设有按察副使和佥事，分道巡察省内各区的事务，其巡察事务之一就是屯田。南北直隶则专设巡按御史提督屯田。甘肃镇屯田本属陕西按察使司监察，后因其地理位置特殊，正统八年（1443年）逐渐增设按察佥事专职督理甘肃屯田。

关于上述机构对屯田提督、监察的具体方法，朝廷也制定了许多规定。

明廷为加强对军屯的管理，建立了图籍，叫作"屯田黄册"，又称屯田册、屯田文册、屯册、屯种军伍文册等。其内容主要是记载屯军姓名、屯田坐落地方四至、屯地顷亩数、子粒数额等，分别由全卫屯军领受的"屯田户由"拼合而成，共有一式三份，一份上缴上级部门，一份送该官州县备考，一份送南京后湖收储备查。屯田册每三年清理重造一次。但到明中期，屯军大量逃亡，屯地被隐占典卖，使屯册混乱不堪，无从稽核。到弘治十五年（1502年），各卫所已无屯册可查了。

早在成化时，辽东各卫均置有屯田簿籍两本，每个季度重造一次。嘉靖十一年（1532年），屯田册改成10年清查换新一次。几年后，又规定，屯田户由10年一造。但这些措施并未把屯田这潭浑水滤清，屯地的抛荒、隐占、典卖现象仍旧越来越严重。隆庆三年（1569年），穆宗开始推行屯田"号纸"，企图消除屯田上的弊端。这种号纸共分三方，上一方载明屯军及其祖上姓名和生死存亡状况，中一方写明屯田坐落方位、地界和原额亩数或新增亩数，下一方写明屯田是本身自种还是某人佃种，是抛荒还是侵占埋没等情况。但号纸推行之后，便没有人再提及此事了，其效果自然不会多好，否则马上就会有人吹嘘邀功了。

建立屯田黄册后，明廷又公布了提督比较方法。明初的督比方法并不是很详密。洪武二十一年（1388年）规定，各军卫每年五、七、十月要把屯田上禾苗生长、收获、子粒等情况上报给朝廷。后来，督比法逐渐详密起来。永乐元年，为避免卫所上报过于繁琐，朱棣下诏边界卫所不必再上报。后来这一作法推广到内地，并改由巡按监察御史（巡屯御史、屯田御史）、按察司副使或金事、巡抚都御史等官员亲自到中央督比呈报了。

为了便于督比屯田，明廷又制定了与之配套的两项制度：屯田赏罚例和样田。

屯田赏罚例颁布于永乐二年（1404年），其主要内容是：屯军每地一分，交纳正粮120斗、余粮60斗，余粮超过60斗的逐级受赏，少于60斗的则逐级受罚。交纳正、余粮达到240斗的，剩余的部分归屯军所有。屯军60岁以上和残疾年幼的，允许自耕自食，不受此例的限制。

但屯田土地有肥瘠的不同，收获量也有多有少，为此，明廷又命都司拣选卫军以官牛具、种子耕种闲田，以其收获的多少为标准考核屯军，这叫做样田。建立样田本是为使考核赏罚趋于合理，但实际上却存在明显的不足之处。屯军接受的土地数量已定，所交的子粒也有明文规定，而屯田分数却有多寡肥瘠的不同，屯田子粒并不因此而增加或减少。同时，样田多为肥沃土地，亩产量较高，因此，根据样田所定的赏罚标准自然就会偏高。如此看来，样田的实行反而使许多贫军增加了负担，多受惩罚，促使更多的屯军贫困化并走上逃亡之路。

有鉴于此，永乐三年（1405 年），明廷不得不更定屯田则例，重新制定了管屯官的组织、所管屯军人数、屯田子粒考较、赏罚办法、样田法及其他有关事例（如禁止侵吞盗卖屯地等）的条例，并把所有内容写在红牌上，规定每个卫都必须竖立一面红牌。这就是"红牌事例"。此例推行后，因士卒劳困，多数不能如数交足子粒，朝廷遂下诏将赏罚标准减轻十分之四五。宣德以后，因屯军拖欠子粒的情况十分严重，明廷被迫屡次修改赏罚则例。但到明中期，屯政败坏局面已经形成，红牌事例并未得到认真的执行，而逐渐变成了一纸空文。

屯田子粒和屯草　明代的屯军接受（强制性的）政府拨给的土地、牛具、种子从事耕作，必须交纳一定数量的收获所得，明人称之为"屯田子（籽）粒"，

117

简称子粒或屯粮，有时也叫做税粮、粮、税。夏季交的叫夏税，秋后交的叫秋税，通称田租、租、田粮，有时也叫屯粮子粒。如本折（即粮食和银钱）兼收，又称钱粮。屯军还要交纳谷草，也叫粮草。屯田子粒很像一般官田佃种人（如官田佃户、民屯户）所交的地租。

屯田子粒通常以本色（粮食实物）交纳。在水稻产区是纳米，在北方、湖广、四川、云贵等地交纳的本色有细粮、粗粮、粟谷、豆麦等。折收办法以米为准，小麦、芝麻、豆与米相等，粟谷、摩黍、大麦、荞穄各 20 斗，稻谷、秫秫各 25 斗，穄稗 30 斗，均可折算为米 10 斗。洪武时，军屯分地亩制尚无定制，交纳的子粒数和租率也不固定，更没有样田法。河南、山东、陕西、山西、直隶淮安等府屯田 3 年后，每亩收租 1 斗；而陕西临洮、岷州、宁夏、洮州、西宁、甘州、庄浪、河州、甘肃、山丹、永昌、凉州等卫每年所收除谷外，余粮的 1/5 要交纳上仓。此外，宣州卫是每亩交 1.5 斗即一半，山西大同屯粮是平均每亩交 3.74 斗，北平燕山等 17 卫屯粮是每亩交 1.42 斗，辽东为 3 斗。永乐初年，朱棣制定了统一的屯田子粒科则：每军屯田一分，交纳正、余粮各 120 斗，正粮存储于屯所仓库，供本军支用；余粮上交，作为本卫官军的俸粮。正、余粮都应上仓盘量。在这里，余粮相当于地租。这种制度实际上是屯田制度上传统的对分制。这种 120 斗的余粮，在江南水田上每亩合算纳租 10 斗（分地数为 12 亩），在北方则合每亩 1.2 斗。

也就是说，屯田分地亩数越大，每亩所纳的地租数越小；分地亩数越小，每亩所纳的余粮地租数越大。屯田余粮与官租和私租相比并不算高，但大量贫军却难以生产出240斗粮食来，因此，20年后，明廷只得把余粮数减为60斗。到洪熙元年（1425年），明廷把屯军交纳正粮120斗、余粮60斗明令为定制，通行于各卫所。1435年，英宗即位后大赦天下，允许屯军的正粮不再上仓盘量，只留作屯军自用，余粮则仍要上仓盘量。正统二年（1437年），明廷正式下令，屯军不必再纳正粮，只需交纳60斗的余粮就可以了。从此，屯田子粒只有60斗上仓，不再有正、余粮之分；屯田子粒无论在形式上还是在性质上，都不再与其他官田佃户交纳的地租有什么区别，而且屯田科则也减轻了一半。即使这样，屯军仍拖欠子粒，赔纳不起，纷纷逃亡。导致这种状况的因素之一是实际征收的子粒远远超过法定数额，法律成了空文。如辽东，屯军平均每亩应交1.2斗，但明中期以后，实际交的却是每亩2.8斗；蓟州则正好是法定数的2倍；云南屯军实际交92斗，超过了法定数的1/3。可见，明廷虽明令减少了子粒，屯军却未捞到实惠，有的甚至还加重了负担。此外，总旗和小旗也与屯军一样交纳60斗子粒，可他们的屯田分地却比屯军多，因此，屯军的实际负担比总旗和小旗要重得多。即使有的地方如杭州各卫的总旗和小旗交纳的子粒绝对数比屯军重，但扣除自用数后，他们的实际负担仍比屯军轻。除旗军交纳子粒外，明代还有授田屯种出丁当军，如北边的民壮、广西的狼兵，均不交纳屯田子粒。

屯田旗军在交纳子粒之后，还应交纳禾秸，称为屯草，或称谷草、马草，这可看作是田租的一部分。明代屯军缴纳屯草的现象十分普遍，很可能是通行全国的制度，但迄今为止尚无人发现屯军必须交纳屯草的明文法令。

（4）军屯的作用。

明代的军屯在洪武、永乐时处于鼎盛时期。当时，百万军人参加屯田，把大量抛荒地和荒闲田重新开垦成熟田，生产出大量的粮食，创造出惊人的财富，为明初社会经济的恢复和发展作出了巨大贡献。

明朝统治者朱元璋建立和发展军屯，目的非常明确，就是要强兵足食。在进行统一战争的过程中，吴良、吴桢、郭景祥、康茂才等大开屯田，使他们有能力确保一方安然，起到了供军的作用，也为朱元璋统一全国立下了功劳。朱元璋亲眼见到了屯田强兵足食的明显效果，使其"定伯兴王莫不由此"的信念更加坚定。因此，他称帝后，就急迫地在全国大力推行军屯。朱棣承其衣钵，健全了屯田的法制规模，使屯田取得了相当大的成就。《明实录》记载由永乐至万历时期的全国屯田子粒数，最高的是永乐元年，达到2340多万石。同年，政府从其他官田及民田征收到的税粮为3100多万石（最高的一年为永乐十五年的3270万石），两者之间的比例为3:4，合起来为5440多万石，其中屯田子粒占全年收入的43%还多一些。明中期的著名将领、蓟辽总督谭纶在谈到军屯时说，明初内地屯地都是"膏腴田"，政府实际收到的屯田子粒"足以充军食之半"。谭纶是一位实心任事、了解情况的儒将，他说的话是可信的。有人估计，若把边防屯田都算上，明初军屯最多只能供应军粮需要的一半，因此，明政府才推行开中法，以盐换取粮食，有时还令百姓为边防军运送粮食。不过，明初确有一些卫所的屯田所收的子粒足以保证当地军士的生活，如皇陵卫等，但这样的卫所还是太少了。

明代的屯田经过五六十年的兴盛后，到宣德时开始隳坏，它原来发挥出的作用逐渐减弱消失。

军屯之败坏可从屯田子粒数连续递减上得到说明。永乐元年（1403 年），明廷收到子粒 2345 万石，永乐十一年（1413 年）下降到 910 多万石，永乐二十一年（1423 年）又降至 517 万石，前后只有 20 年，屯田子粒就下降了近 3/4，这表明，永乐时，屯田已开始败坏。朱棣也看到了这一点，说屯田"数年以来，徒为虚文"，因而派人到北边去督查。但到永乐末期，军屯已"大坏，军士逃亡且尽，田土遗失过半"。不过，永乐时的屯田子粒可能包括了正粮和余粮（共 24 石）。宣德以后，屯田的状况更加糟糕。正统二年（1437 年）开始，明廷下令正粮不再上仓盘量，余粮也减半征收，这时，全国的屯田子粒应相当于永乐初的 1/4，即 600 万石左右，但事实上这时仅收到 279 万石。成化年间回升到 290 万~340 万石之间，弘治时又降至290 多万石，正德时仅有 100 多万石，到嘉靖、隆庆年间回升到 370 多万石，万历六年（1578 年）又升到

420多万石，此后再未记载总数，估计也是逐步下降。在军屯的鼎盛时期，屯田子粒仅能养活一半军队。到明中期，屯政大败，屯田的供军作用大减，边军只得靠百姓运粮过活，这就是所谓的"民运"。随后又依靠朝廷拨银籴粮度日，称作"京运"或"年例"。年例始于正统年间，成化时朝廷每年为此拨出40万两，嘉靖时增至60万两，隆庆中猛增到240多万两，到万历时更增至490万两。年例之所以连续增加，原因在于屯田子粒收入日益减少，而其结果则加重了明廷的财政负担，使明朝很快就出现了财政困难和危机，明朝的统治能力也随之下降，直至灭亡。

（5）军屯的衰退。

明中期以来，军屯日渐衰退，这首先表现在屯地的失额上。

明初的军屯有6000多万亩，最多达9000多万亩，而到了成化末年，仅剩下2800多万亩，弘治年间回升到3000多万亩，正德中猛降为1600多万亩。万历初，张居正主持清丈包括屯田在内的全国土地，使屯地数达到了6350多万亩。弘治年间，兵部尚书马文升指出屯地已"十去其五六，屯田有名无实"，实际上有的地方屯地丧失得比他说的更为严重。嘉靖以来，大同屯地亏损了7/10～8/10；陕西三边则是"屯田满望，十有九荒"；甘肃更是"名存实亡"；辽东也好不到哪儿去，据说也是"屯堡萧然，十室九空"。内地情况略好一些，但也损失了一半左右。另外，张居正丈出的屯地数中存在着虚假成分，因而在他死后不久就被否定了。

造成屯地数额日益减少的因素很多，最主要的还在于屯田被欺隐、占夺走了。明代的亲王、公侯伯、太监、都督、同知、佥事、总兵官、各级卫所官员及其子弟和地方豪强巨族等，无不视屯田为肥肉，纷纷抢占，其手段也是多种多样，如强占、侵夺、隐占、抵换、盗买、献纳等。

官豪势要占了土地后，还要逼迫屯军为他们干私活。在他们看来，屯军为他们种地是理所当然的事。镇守宁夏的宁阳侯陈懋占有 30 多万亩土地，完全使用屯军耕种。中都留守司都督陈恭占夺屯地 1000 多亩，役使军兵 250 多人为他种田做工，逼迫他们一年交租 3 万斗。除了种地，屯军还要为官豪势要干其他活。

明初，朝廷制定了一系列法律，禁止任何人侵占屯田官地："凡强占屯田达 50 亩以上又不纳子粒的，一律照数追纳子粒。军官强占屯田，则调发到边界卫所带俸差操；若是旗军，就发配到边卫充军；若是百姓，要发到口外为民。侵占屯田不足 50 亩，即使交纳了足够的子粒，或是占了无人耕种的土地，也要问罪。管屯官若不用心清查，一样问罪。"弘治十三年（1500年），明廷进一步规定："即使不是强占屯田或占种不足 50 亩，仍照侵占官田律问罪发落。"明代法律还规定，侵占官田要比侵占民田罪加二等。明初，法律还是起到了一些作用，但后来已发展到无官不占屯田的程度，官官相护，实难追究，也很少有人再去追究，法律无人执行，便成了一纸空文。明廷不得不屡下诏书，派人到各地清查屯田情况，惩治违法者。其中，万历九年（1581年），大学士张居正主持清丈全国土地，清理出大量被隐占的屯田，效果还是不错的，但仍未能清除积弊，而且清丈过程中也是弊端百出。总的来看，明廷清查屯田的行动多数未取得什么成效。到了明末，明廷对各地的屯田情况几乎全不了解了。

促使军屯败坏的因素还有军屯土地的"转佃"、"民佃"、出卖和民田化。凡此种种，都使军屯土地在非法的、半合法的、合法的状态下，发生了性质上的转化。

"转佃"指屯军将其分地转租给他人耕种、收取地租的行为。"民佃"指官府将屯军逃亡后遗下的土地或不能耕种的土地、抛荒屯地租佃给百姓耕种。这都是将屯地出租的行为，两者的区别在于，转佃是屯军自己所为，收取的是地租；民佃则是官府直接出面完成的，征收的是屯田子粒。

屯军转佃土地有多种情况，一种是有的因屯地离驻地较远，如山西行都司保德卫屯地在500里之外的忻州，屯军根本无法耕种，只得将屯地出租给忻州百姓。有的屯军离屯地并不远，如福州卫的屯地就在福州，但屯军不会耕田，就把屯地出租出去，从中捞点好处。潮州卫则据说是因屯军懒惰而出租屯田。汕州、郧阳等卫也多把屯地出租出去。另一种较为普遍的情况是因屯军贫困，无力耕种屯田，只好把屯地转佃，甘肃、潮州等地都有这种情况。也有的是因屯军升调、改拨到其他卫所，其遗下的土地就被转佃了。还有的军官役使屯军干私活，却把屯军的屯地转佃图利。

屯军转佃屯地后，可能会从中捞到一点儿好处，但更多的是屯军受到连累，屯田亡失。杭州、汀州卫屯军转佃屯地后，天长日久，佃户与屯军的主客位置逐渐颠倒过来，佃户拒不交租，屯地也不再属于屯军；又由于路途太远，屯军无法去收租，只好自掏腰包，办纳屯粮，交纳不起的，就逃亡了。有的地方如郧阳卫，屯军把屯地出租给豪强，结果屯地却被豪强占据而亡失了。也有的豪横屯军以种种借口，百般勒索孱弱佃户。

一般情况下，转佃是自愿的，而民佃则以强制性的为多。民佃一般由官府、卫所而不是屯军出面"召人承佃"或"坐民承种"。从史料上看，凡是屯军调走、被迫去当差、逃亡、死亡而又无余丁顶种的地方，以及卫所军驻地与屯地相隔路远的地方，官府和卫所常招民或坐民承佃，尤其是明中后期以后，屯军逃亡日多，民佃的方式更加流行。明中期，皇帝发布诏令，将多余、空闲土地派佃给百姓。嘉靖十五年（1536年），世宗下令将逃亡屯军的土地拨给空闲舍余（军兵及军官余丁子弟）或招募佃户耕种。由于租佃屯田的人越来越多，各地出现了"屯田佃户"之类的人户称呼。明政府把屯地派佃给民户后，要征收屯田子粒和屯草，有时还强迫他们承担差役，因此，许多民户不愿承佃屯田，宁愿去租佃其他人的田地。结果，民佃屯田产量下降，屯田子粒往往交不上来，有的屯地因而抛荒。

军屯土地属于官田，因此法律禁止买卖屯地。但日益贫困的屯军受到屯粮、屯草、差役、加派、牛具种子所连累，往往去典卖屯地，这也是他们进行反抗的一种方式。同时，军官也未忘记盗卖屯田，损公肥私。由于屯田是官田，其卖价往往被压低一半，甚至只相当于民田价格的1/3，这些地被低价出卖后，买卖双方各有所得，只是害了朝廷。朝廷对屯田的这种状况忧虑不已，屡次要清理屯田，却常常引起一些官员和卫所官、军的反对，甚至义州、辽东、宁夏等地还因此出现了兵变。即使进行清查，也未能阻止典卖屯田之风，相反，典卖屯田之风愈演愈烈。

另外，明中期以来，屯地逐渐开始民田化。上述被侵占、转佃、民佃、典卖的屯田，都不同程度地包含着屯地民田化的成分，只不过其中有合法的和不合法的。而屯地民田化最合法、最直接的途径就是官府将屯田招人承佃，并允许屯地成为承佃人的"世业"，最终又将屯田子粒改为民粮，依照民田则例起科。

嘉靖初，有人上疏朝廷，建议把南京和阳、镇南等卫抛荒田3万多亩招人佃种，3年后起科，10年后，若不再有军人补役，则佃户承佃的屯地将永远属于他们所有。嘉靖九年（1530年），明廷将这项建议付诸实施。从此，明廷正式打破了军屯土地每军一分的规定和屯田还官不允许私有的制度。

嘉靖以来，明廷已把允许各类人开垦荒芜屯田并使之私有化的作法，看成是拯救屯田和军队的秘方，直至明亡。明廷号召军民人等开垦荒芜屯田，并允许这些官田成为民田的作法都是主动的，但并非心甘情愿，而是迫不得已。由于屯地是国有土地，屯军、佃户的生产积极性并不高，生产效果也不佳，朝廷在无奈之下，只得以"永为已业"为诱饵，号召臣民们去开荒纳粮，这样反而使朝廷的财政收入增多了。

官豪势要侵占了大量屯田，朝廷即便不承认那些屯地成为私田，他们也能不交屯粮，朝廷对此也无能为力。嘉靖以来，林希元、李廷机等纷纷向朝廷建议：屯田的目的是强兵足食，只要有人肯垦种屯田，国家能收到租税，就把屯田分给垦种者，朝廷就不必再管那么多了。这些建议的核心点在于变通军屯制度，政府只管收租征税，不必再为屯田落入何人手中去操心。但是，由于屯田子粒过重，明廷虽采纳了上述意见，却往往在推行过程中受挫。到万历末年，明廷终于下令允许"勋戚贵近大贾富商"等领种屯地（当然要私有化），并按他们领种的耕田和人数的多少授与不同等级的官职，各卫所军官则以垦田的多少加级。由此，明廷承认了官豪势要兼并屯田的事实，并以法令的形式追认屯田的私有化，从而否定了原来的军屯制度，这必然导致军屯的废除。当时，这些土地可能是按民田则例起科（实际情况并不清楚），因而到崇祯（1628～1644年在位）时，明廷下令军屯土地不管它是军种的还是民种的，一律照民田起科，从而把军屯土地全部民田化。

促使军屯民田化的因素很多，但根本在于屯军不懈的斗争。屯军始而怠耕，继而逃亡，终至武装反抗。早在永乐时，已是"军士多游惰"。甘肃、宁夏的屯军在领到屯田后，一任茂草在屯田上疯长。这种情况是很普遍的。

前面已提到，由于屯军负担太重，许多人不得不逃亡，以至于许多卫所军逃亡过半，甚至有的全成了"虚籍"。早在洪武时，"屯田之兵，亦多逃亡"了。宣德以后，屯军逃亡的现象日渐严重，波及的地区也越来越广，大有"逃亡且尽"的劲头。

屯军最有力的斗争方式还是哨聚山林、武装反抗。明廷常称他们是"逃伏草野山泽，乘间劫掠"的"盗贼"。正德四年（1509年），当权的太监刘瑾派人到各地丈量屯田，由于军官蒙蔽屯军，清丈官员又以50亩为1顷，坑害屯军，义州、锦州等地就爆发了由军余高真、郭城领导的兵变。次年，宁夏也因此爆发兵变。嘉靖十三年至十四年（1534～1535年），广宁、辽阳军士也因清查屯田、兴发工役、减少余丁等原因而发动了兵变。此后，兵变越来越多，规模也越来越大，到明末就与民变混合到一起，演变成了席卷大半个中国的农民大起义。

明代的军屯在清初仍维持了军屯土地和屯丁的编制系统。顺治元年（1644年），清廷在北京设32卫，在全国设15个都司，分辖屯田。不久，清廷承继明中期以来军屯民化的趋势，开始撤卫并屯，屯租改按各该属州县民田则例一体起科征解，把屯丁银摊入田地，使军户与民户、屯地与民间之间的差异事实上趋于泯灭，而仅仅保留了屯地、屯丁名目，但这仅仅是一种税则税目而已，与民地、民丁已没有多大差别了；同时，也消除了同一地域内卫所与州县并存的双轨制机构，使政府在管理上更加简便了。到乾隆（1736～1795年在位）时，归并卫所的工作基本完成，位于大运河、长江中下游一带，与漕运有关的卫所屯地仍保留下来。到光绪二十八年（1902年），漕运卫所屯地终于也同归于民地，结束了其历史使命。

民屯和商屯

明代的民屯实施于洪武、永乐时期，商屯是其中的特殊形式。但目前学术界对于明代是否存在民屯（包括商屯）有不同的看法。

（1）民屯。

经过元末明初近30年的战争，朱元璋从蒙古人手中接收的是个烂摊子，尤其是黄淮流域受到的破坏最为严重。放眼中原，榛草茂盛，人烟稀少，人行终日，竟望不见烟火，有的县只剩下几百户人，但在江南、西南、东南和山西等地所遭受的破坏比较轻，人口基本无离散。因此，明廷仿照历朝的作法，把人从人口多的地方迁到人口少的地方去耕田，实行屯田，成了一条恢复社会经济的捷径。

关于民屯，《明史·食货志》下了这样一个定义："其制移民就宽乡，或招募或罪徙者为民屯，皆领之有司。"也就是说，明廷通过招募或迁徙两种形式，组织百姓或罪犯进行的屯田就是民屯。

洪武三年（1370年），朱元璋把苏、松、嘉、湖、杭五郡的无田百姓 4000 多户，迁到中都凤阳屯种，由此拉开了明代民屯的序幕。凤阳是朱元璋的老家，他十分愿意看到故里兴旺发达，因此把大量人口迁到凤阳，进行屯田。他的儿子朱棣上台后，把都城从南京迁到北京，也把大量人口迁到北京附近屯田。因此，这两地出现民屯是由其特殊的政治地位决定的。有人把洪武、永乐时期 49 次迁徙百姓和罪犯的事件列成了表格，但有些迁民并未用于屯田，有些记载则含糊不清，加上《明史》对民屯所下的定义并不明确，这就是人们对明代是否有过民屯的看法存在分歧的原因。这里只能就明确记载的屯田加以叙述。

据统计，明初民屯主要分布在南北直隶、河北、山东、河南等地，有确切记载的有 96 个州县，其中以北直隶为最多，仅顺天府就有 306 个里，北直隶 8 府共有 751 个里；山东 10 个县有 174 个里；河南有 92 个里；南直隶的凤阳府仅在凤阳、定远 2 县中就有 40 个里。总计有民屯 1057 个里，屯户达 116270 户（每户以 6 口人计算），估计有人口 697620 人。不过，上述统计并不完整，还有一些州县确实实行了民屯，却找不到民屯里数和人口的记载。如保定府 20 个县中，有 7 个县没有屯田里数和人口的记载；常德府和归德府都有民屯，却无具体的记录。安置在凤阳的移民达 20 万，但史书中只记载了 40 个里的民屯，顶多只有 4000 多户、20000 多人；同时，临濠也有民屯，但数目却不清楚。还有一些地方后来归并屯社，说明那里也有屯田，但数目也不清楚。此外，洪武二十年（1387 年），明廷选取湖广常德和辰州二府 1/3 的民丁和数万"奸儒猾吏累犯罪人"到云南屯田。次年,命罪犯充任湖广五开至靖州驿站的驿夫,屯田自给。洪武初,曾把游忻城卫所军改为编民,进行屯田。这是云南、湖广的民屯。宁夏和宁夏到四川的船城、塔滩 800 里之地,兰州以及东北的定辽、沈阳、大宁等地也有民屯。若把这些民屯户都算上,张忠民估计,明初的民屯户可达 15 万户、100 多万人,占当时全国人户的 1.5%、人口的 2% 左右。

　　明代的民屯发展过程大体可分为两个阶段。最初,民屯的经济目的尚不突出,明政府更多的是遣返流民回乡复业,民屯并不多见,主要集中于凤阳和近边等特定地区,屯民主要来自罪犯、降人和内徙的边民。这些民屯多带有惩罚性质,因而在实施之际遇到了很大的阻力。随着垦荒运动和军屯的发展,由长期战乱及其他一些原因造成的各地经济发展的不平衡越来越明显,明廷遂逐渐扩大民屯。洪武二十一年(1388年),朱元璋开始大规模地把狭乡居民迁到宽乡去屯田,由此出现了民屯的高潮。同年,明廷把山西泽、潞百姓迁至彰德、真定等地屯种。次年,把杭、温、湖、台、苏、松诸郡无田百姓迁至滁、和等州屯种,当年拨给迁到大名、广平、东昌三府屯民的土地达 260 多万亩。洪武二十八年(1395 年),大名等三府屯民增至 58000 多户。洪武二十五至二十八年(1392 ~ 1395 年),彰德等七府屯民骤增,光彰德等四府就增至 381 屯,不下数万户。此后数十年间,临濠、凤阳、泗州、北平、东昌、兖州、定陶、临清、大名、广平、顺德、真定、彰德、卫辉、归德、太康、裕州、隆庆、昆山、云南、四川、湖广及其他一些地区的民屯有了大规模的发展。

这些民屯户大多由迁徙而来，少量是招募来的，其成分颇为复杂，大致有如下几类：一是江南等地的富民和张士诚、方国珍、明玉珍等敌对势力的旧部及故元官吏降人等。早在明开国前，朱元璋就开始把苏州富民 500 多家迁到濠州，此后又陆续把富户迁到南京、凤阳等地。对于敌对势力，朱元璋很不放心，曾先后十四五次把他们的部下近 10 万人迁到北平、南京等地。这些人当中有不少被组织起来开展屯田。当然，屯田并非主要目的，加强对他们的控制才是重要的。二是百姓。洪武十二年（1379 年），明廷把山西、真定无业百姓迁到凤阳屯田。二十五年（1392 年），把山西百姓 65780 户迁到彰德、卫辉、广平、大名、东昌、开封、怀庆七府，建立 598 屯。二十八年（1395 年），把青、兖、登、莱、济南五府近 6 万户百姓迁至东昌、大名、广平三府屯田。有人统计，洪武、永乐时迁民数有案可查的就达 200 多万人，再加上一些数目不详的，估计可达 300 万人，其中参加屯田的到底有多少并不清楚，估计至少在 100 万人以上。三是罪犯。洪武时，明廷基本上把除大逆不道以外的罪犯迁到各地去屯田。洪武五年（1372 年），朱元璋下令，从今年始，凡是罪犯应发配到两广充军的，一律改发到临濠屯田。两年后，又规定屯田的罪犯不在赦免释放之列。其中发到凤阳做工屯田的达 1 万人。此后，直到宣宗时，仍不断迁徙罪犯去屯田。罪犯屯田（有人称之为谪屯或罪屯）集中在凤阳、北京等地。四是公侯家人及仪从逾制人户、自行削发为僧者、"惰民"、流民等也被迁到各地参加屯田，但数量不多。以上几类都是被强制迁徙到各地屯田的。此外，有些屯户是招募来的，但为数不多，集中于北直隶、河南、山东等地。顺德府广宗县有民屯 11 个里，真定府南宫县有民屯 6 个里，两县各有 2 个里屯民是由招募而来的。从民族成分上看，屯民既有汉族，也有蒙古、高丽、女真、洞、傜、番、溪洞等族。其中，以汉人为最多，其次是蒙古人，其他民族人则很少。从社会身份上看，民屯户大致可分为罪犯和农户两类。因此，很多人把明代民屯分成民屯和谪屯或罪屯两种。一般来说，罪屯户的身份比军户高，比其他屯民低，但洪武末期以后，其身份地位逐渐提高，后来就与普通编户没有区别了。

明初，对国家编户齐民按里甲制进行编制管理，以 110 户为 1 个里，10 个里为 1 甲，设里长、甲长各 10 名，每年轮换，负责里甲事务。对民屯也采取了里甲编制。中华人民共和国建立后，考古工作者在河南汲县郭全屯发现了一块洪武二十四年（1391 年）的"明初迁民碑"，上面刻载了由山西泽州建兴乡迁到汲县双兰屯的 110 户屯民户主的全部姓名，里长为郭全，其下有甲首 10 名，每名甲首下各有 10 人，非常整齐，恰与里甲制相吻合。不过，民屯的"里"一般称作

"屯"，国家编户的"里"则称为"社"，有的民屯的里也称作"迁"，或干脆称为"社"，两者名称虽不同，但性质一样。

一般说来，迁民屯田，事先有皇帝令后军都督府派人到各地"晓谕"，或由户、工二部"榜谕"，招集百姓，发遣到各地，再按里甲制编制起来，置屯划区居住。为加强管理，在屯户集中的州县，朝廷会派官员专门进行管理，但并无特设的机构。最初与军民一样，由营田司、民兵万户府管理，后设屯田万户府，又改为管军万户府，并把民屯划归司农司管理。从洪武十三年（1380 年）开始，民屯牛具归户部管理，督耕巡察则由五军都督府兼管，征收赋税由州县负责，有的州县还设劝农主簿专管民屯事务。总的讲，民屯处于三管三不管的境地。屯田罪犯来源较复杂，有犯罪的官吏、平民、卫所军等。他们一般要携妻带儿，由地方政府或户部编成里甲，发配到各地屯种，其名册和督管在卫所，其赋税的征收由地方官府负责，因此对罪屯的管理具有两重性。永乐时，犯罪官吏还可自由选择屯田地点。

民屯土地由国家授给，一般是按照屯户的人力财力计亩授田。但由于各地自然条件不同，授给每个屯户的田数并不一致。罪屯户一般给 50 亩，可以额外多种，其他屯户则无定额，少的仅 17 亩，多的可达 80 亩、100 亩，甚至有到 300 亩的。有的地方如故城县，允许屯户尽力开垦，不限亩数。洪武末，朱元璋又下达"有气力的尽他种"、"额外开荒，永不起科"的命令，允许屯户及编户尽力开荒。

屯田土地都属国有，是官田，屯户不许多占田地据为己有并出租给贫民耕种，否则朝廷将据法加以处置。但事实上，明廷在洪武初年曾数次规定，屯户把荒地开成熟田后，这块土地将永属屯户所有，即不再是官田而是民田了。不过，罪屯的情况似乎有所不同。罪屯土地一直属于国有，只有当他们的身份地位发生了变化，如同周用所说，犯罪官吏遇赦不愿还乡的，可改报民籍，所耕种的屯地可"永与为业"，这时，屯地的性质才会发生变化。

明政府在迁徙、发遣屯户时，一般发给路费和钱钞备买农具，有的直接发给农具、车辆、盐、布等，甚至发给耕牛和种子。洪武、永乐时期，朝廷多次命户、工部到广东、湖北和朝鲜等地买牛、驴，发给河南、北直隶、山东等地的屯户。但犯罪官吏屯田要自备一切所需物品，而对其他一些贫穷的罪犯屯户，官府只好按招募之例给以资助。

屯户到达屯地后，朝廷一般在 3 年之内不征租赋，甚至在 5 年以至 10 年以后才开始征收租赋。有的屯户在一定时间内还可享受免除各种徭役的优待。而罪屯户一般要先做 1 年工役，然后屯田，1 年以后开始交纳租赋，犯轻罪的屯户则一般按屯户的原则 3 年后起征租赋。此外，罪屯户还要服开渠等各种苦役。

对于民屯，明廷一般按"民田起科"，好地每亩收 0.5 斗，次地收 0.33 斗，后一律改为 0.335 斗。不过，各地还是有差距的，隆庆州每亩收 0.5 斗，保安州是

0.38 斗，凤阳则是 0.19～0.34 斗。使用官牛的还要交纳牛租，洪武初规定每亩征收牛租 1 斗。不过，民屯地有许多是当地百姓不愿耕种的下等贫瘠土地，能收 6～7 斗已是丰收了。屯户交纳租赋后已所剩无几，连糊口都成问题。而屯户还要负责把税粮运到粮仓所在地，甚至还要额外加添运费或耗米等。罪屯租赋一般在 1～0.5 斗之间，略高于其他民屯和编户。

此外，屯户还须服徭役。凡是编户应负担的徭役，屯户都有义务去兑现，这从制度上已比明代以前民屯户的负担要重得多。因此，明代民屯户的负担已出现逐渐加重的趋势。

民屯在明初社会经济的恢复发展过程中起了一定的作用。首先，明廷大量迁徙民户、罪犯到北方和边疆等地多人少的地区，在短时期内解决了各地人口密度不平衡的问题。获嘉县在洪武三年（1370 年）仅有 3600 多户，到永乐十年（1412 年）就达到 5400 多户、43000 多人，增加的人口中有很大一部分是移民。由于移民的到来，使很多荒田在短期内被开垦出来，从而使昔日的草莽原野重现生机，明廷的财政收入也大大增加了。有人估计，若按亩产 1 石计算，明初的民屯每年就能生产出 1000 万石以上的粮食，朝廷每年从中可捞取 44 万石以上的好处。此外，通过屯田，朝廷把一些富户、敌对势力和罪犯迁到远方，方便了对他们的控制，也减少了他们铤而走险的可能性，加强了对这些社会不安定因素的控制，这对习惯了战乱的明初人来说，无疑加强了明朝统治的稳固性。

由上面的叙述可以看出明代的民屯与历代民屯的区别。明以前的民屯土地一般都属国有，而明代民屯土地在经屯户开垦以后，就合法地变成了他们的私有财产。三国时的民屯与军屯一样采取军事化管理，两者之间的差别不大。唐代屯田已出现租佃形式。到南宋时，民屯已基本上租佃给百姓佃户耕种，对民屯的管理已日趋松懈。明代则更进了一步，民屯户与百姓一样实行里甲编制，由地方官府和五军都督府、户部合管，屯地多属私有，因而民屯在一开始就走上了民化的道路，屯户与编户已没有多少区别了。

由于屯民不断逃亡或被遣送回籍，到明中期，屯民已丧失了一半左右，有的一甲只剩下几户，屯田已徒有虚名，香河县4个屯已是"户口晨星"，仅及一个里之数；交河县9屯还不及大里的一个甲。未逃亡的屯户，由于世代定居在屯田点上，逐渐与当地居民混杂在一起，其外来身份便被人遗忘了，久而久之，其后裔就成了土著。因此，到明中期，朝廷不断把民屯土地和屯户与地方归并在一起，民屯自然而然地销声匿迹了。

（2）商屯。

商屯是明代特有的现象，是一种由商人雇募人垦荒屯种的经营方式，因此，它是民屯的一种特殊形式。

蒙古人回到草原后，仍不断南下侵扰明朝，因此，明初以来，朝廷始终把防御的重点放在北部边境。尽管朝廷推行军屯，但仍不能完全解决军粮问题，于是，明廷很快就开始发挥商人的作用。

洪武三年（1370年），明廷令商人运米到山西，每运到大同10斗米、运到太原12～13斗米，官府给商人淮盐1小引，商人可持盐引到指定的地点领取相应数量的食盐，当时把这种制度称作"开中"法。后来，开中法逐渐推广到北部边境和云南等地。据说商人都很踊跃，他们赚了盐利，朝廷则得到了很多粮食，从而支持了明初的军事行动。到永乐后期，开中法由临时性的应急措施，变成了一种固定的制度，主要实行于北部边防区。除了纳粮中盐，偶尔也可纳钞、草、布绢和马中盐。这时，商人为减少运粮的麻烦，开始在边镇中盐处建立商屯，自出钱财，招募游民从事耕作。明成祖朱棣为此下令，允许商人自由开垦，永不起科，鼓励商屯的发展。据记载，云南省的昆明、昭通、曲靖、普安、玉溪、楚雄、大理、德宏等地都先后出现了商屯。正如明人所说："商屯盛于九边，而三边为最。""九边"即辽东、蓟州、宣府、大同、山西、宁夏、延绥、固原、甘肃等北方军事重镇，"三边"指其中的甘肃、宁夏、延绥等三镇。三边相距7000多里，驻有22万军队和7000多匹战马，每年用粮近100万石，这远不是军屯所能供应的，因此，商屯集中在北方是由当时的边防军事形势所决定的。据明中后期人追述，山西商人到千里辽东建立城堡，招集数千人，牧养战马数千，一边种田，一边与官军并肩抗敌。据说，永乐时，富商大贾竞相出钱，募人到三边开荒屯田；到成化时，甘、宁等地的粮价已降到了每石2钱（恐怕有些夸张）。这说明北方商屯很多，且起到了且耕且战、兵农合一、防御敌人入侵的作用。直到嘉靖时，商屯仍未绝迹。

对于商屯，明廷不征赋税。洪武、永乐时，根据道路的远近险易、粮价的高低和军事局势的变化，商人交纳 10～50 斗的粮食，可换回 1 张盐引。宣德十年（1435 年），明廷重定中盐则例。此后，商人交出 2.5 斗粮食就能换回 1 张盐引，并能到指定地点提取 200 斤盐，然后到指定地点发卖。如发现有伪造盐引和贩私盐的，要处死刑。

商屯的经营方式是商人出资，备好牛具、种子，招募百姓，在靠近城镇的地方建立台堡，相互保护，监督佃户垦田种粮。这具有雇工经营的性质，大概没有采取定额租或分成租的形式。这种经营方式衰落后，有的商人改变作法，在纳粟点附近招纳贫民和贫军，贷给牛具种粮，进行垦殖，按议定的分成比例收取租粮，这样商人就免去了因战争所造成的风险。

商屯兴盛于永乐到宣德时期（1403～1435 年）。据说，当时由于大量商屯的出现，商人交纳了很多粮食，致使北边粮价下跌到 10 斗 0.2 两白银，官府粮仓因此积满了粮食，辽东甚至一度出现仓库奇缺、急需建造新仓的现象。可见，商屯一度起了积极作用。

不过，商屯的兴衰与明朝军事力量的盛衰有密切关系。永乐时，朱棣数次率大军北征漠北，使蒙古人一度不敢牧马边塞。正统（1436～1449 年）以后，朝中宦官专权，政治日加腐败，军事力量日益减弱。正统十四年（1449 年），明军被瓦剌也先打得大败，军事上一蹶不振，从此边防多事，商屯也随之衰落下来。

成化（1465～1487年）以后，明朝政治更加腐败，商屯终于走向衰败。当时，中盐官员刁难商人，从中渔利，报中时，须纳粟万石、刍万束方能办理，致使开中制为宦官武将所控制，商人往往被扒了几层皮之后才能得到盐引。而各盐场又为宦官、勋戚、官僚所操纵，致使贩卖私盐成风，留给商人的盐就很少了。成化末，宦官奏讨淮盐达500多万引，导致"商贾壅滞"，怨声载道。各级官吏也纷纷争夺盐利，官大的一次可得数千引，小的也能弄到一两千引。另一方面，盐场的灶丁生活极为困难，常用盐换取生活用品，致使拿不出足够的盐供政府使用。在这种情况下，商人往往长期支不到盐，手中的盐引就成了一张废纸。据说有的商人从永乐时就已拿到了盐引，可直到正统末仍未支到盐。这些盐引经过了祖孙数代人之手，成了留之无用、弃之可惜的"传家宝"。此外，支中时还存在着种种弊端。这种状况的长期存在，大大打击了商人开中纳粮支盐的积极性，商人被迫改营他业，商屯自然就减少、衰落了。

六 清代的屯田

明末清初，社会经济遭到极大的破坏，不仅给百姓带来了莫大的痛苦，而且也给清廷造成一系列严重后果，政府赋税严重缺额，差役难以如期完成，军粮资仗供应不上，社会也很不安定，摆在清朝统治者面前的首要任务，就是如何巩固已建立起来的统治。为此，清廷设计、推行了一系列措施，其中之一就是推行屯田。

 清初屯田的短暂命运

（1）短暂的兴屯垦荒。

清廷曾一度大力鼓励臣民垦荒，生产粮食，但效果并不佳。由于战争连绵.不断，政府财政收入大半用于镇压南明和大西军余部的反清活动，致使发生严重的财政困难，顺治九年（1652 年），财政赤字达到 78 万多两。为此，许多汉旗官员建议兴办屯田，解决军饷问题。次年，清廷终于下令在直隶和各省设立兴屯道厅，专门负责屯田垦荒事宜。当时，河南设立彰卫怀河兴屯道和开归南汝兴屯道。山东设立济东兴屯道和兖青兴屯道，其下各辖 2 个兴屯厅。陕西设立西延汉庆兴屯道和平巩临凤兴屯道，其下各有 4 个兴屯厅。湖广建立湖南（武岳等处）兴屯道和湖北（汉黄等处）兴屯道，前者下设 4 个兴屯厅。江西设立南昌等府兴屯道，下辖 7 府，设立瑞州等府兴屯道，其下设 2 个兴屯厅辖 6 府。江南省设凤庐淮徐兴屯道，下开 3 个兴屯厅。山西设立宣大兴屯道。四川设四川兴屯道。每个兴屯道下还设府同知两员。各地招募屯民，单独编制，设立屯官、屯长等职进行管理，上辖于兴屯厅。据说，兴屯道厅星罗棋布于州县之间，有着严密的组织管理。

为确实推行屯田，清廷下令把无主荒地、未耕种纳税和已耕种而未纳税的有主荒地、荒芜的明代王府庄田一律收作"官地"，交给兴屯道，后又把不纳钱粮的有主无主地收作官地，并要求各边镇按兴屯之法募民垦荒。由于兴屯道厅几乎把当地所有的荒地都拨归屯田，这无异于赤裸裸的掠夺，清廷的另一层意思是企图以此加强对贫民的控制。

直接参加兴屯的劳动力一般是招募来的贫民。由于招募很困难，清廷只好抛出下列条件：屯民有工本的，官府给与土地、耕牛，收缴收获物的 1/3，3 年后，土地就可以成为耕种者的永业私产，屯民也编成保甲加入当地户籍；没有工本的，官府给与雇值。对于流民受募兴屯的，官府发给路费，并护送到兴屯点，编成屯丁，按人口拨给土地。为补充劳动力，清廷还将投诚的军兵划给兴屯道,让他们全家参加屯田。顺治十二年(1655年),清廷又开始把徒刑犯人发往兴屯道屯田,并根据刑罚的轻重,划给数目不等的土地,若刑满释放者愿意继续屯田,可以把所种屯田转为私有财产。

由于屯丁成分复杂,清廷在收取屯租时,采取区别对待的策略。屯丁自备耕牛、种子的,头一年官府收取1/10的屯租,第二、第三年收取1/2的屯租;使用官牛种子的,官府收取1/3～1/2的屯租,所借牛种等屯本银两要在3年内偿清。上述两类屯丁在屯种3年后,可将屯地归为己有。没有工本但愿承种屯田的,则按民间"计工授值"的办法给与雇值,而把收获物的1/10交给屯长,其余上交给官府。由于授受屯本银的代价很高,大多数屯丁并不愿意领取为数本就不多的屯本银,如湖广省有73%的屯丁未去领屯本银。

从顺治十年到十三年(1653～1656年),通过兴屯,河南垦荒达120多万亩,陕西平巩临凤兴屯道开出17万多亩,湖广垦田17万多亩,江西为60多万亩,山西达到38万多亩,四川也有1.6万多亩。短短数年时间,兴屯开荒达510多万亩,成绩还是比较大的。

但是,兴屯活动刚刚开始就出现了许多弊端。

首先,清廷规定,各兴屯道厅在3年内屯地不断增加、粮草充积者,所管官员要加两级,以鼓励兴屯活动快速发展起来。但兴屯官员为求升官加级,往往强占百姓熟田作为屯地,并且以少报多。兴屯官虚报屯田数后,就用各种办法弄到足够的地租,致使百姓多交了 4 倍的租税。上述做法给百姓带来了极大危害。相反，兴屯官却不敢得罪当地的豪强，甚至还巴结他们，让他们把熟田报作荒地，逃避赋税。

其次，屯丁的负担过重。一般百姓垦荒是 3 年后起税，而兴屯在第二年就要征税。同时，民田分三等九则征税，兴屯地则不分肥瘠等级，只按实用亩数起科。这些都加重了屯丁的负担，如湖广汉阳府屯田租税比民粮高出 2.5~20 多倍。这样残酷的剥削使屯民根本无法维持再生产，屯民往往在第二年就逃走了，结果刚垦出的土地又荒芜了。兴屯官没本事、也不敢去追逃亡的屯民，却敢于逼迫逃亡屯民的邻居去当屯丁，最后竟弄得附近的农民都不敢去耕种靠近屯田的田地。如此辗转牵连，使农民视屯田为畏途。

此外，在屯田的组织管理上也暴露出许多问题，使朝廷难以应付。清廷拨给的牛、种、屯本银数量太少，来源也太少，且不稳定。兴屯官的设置与增加也需要一笔开支，从而给政府筹措经费带来困难。一方面经费不足，另一方面屯租却不敷支出所需。如顺治十年（1653 年），湖广发出屯本银 1.4 万多两，第二年仅收取屯息银 700 多两，开出荒地 4.7 万多亩。长此以往，不用说靠兴屯增加财政收入的目的无法达到，就连屯本银都难以措办了。

所以，兴屯仅推行 3 年，上上下下已"皆告苦告弊"，一些中央和地方的官员也纷纷反对。顺治十三年（1656 年）二月，清廷只好裁撤各省的兴屯官，把民屯划归州县，兵屯划归卫所管理，兴屯道改为专职守道，屯厅的职责则转归各府厅机构，原定的兴屯课额也一律改照民地例起科。至此，前后历时 3 年的兴屯活动便告结束了。

自西汉以来，屯田常被作为解决流民和军队给养的重要途径而长期存在，但到了清朝竟然行不通，这是值得深思的。兴屯之初，清廷就以赋税、地租合一的剥削方式加到屯户身上，并加强对屯户的人身控制，使之具有国家佃农的性质，从而大大压制了他们进行生产的积极性。同时，兴屯官以增税为能事，连起码的"抚恤"都不讲，兴屯活动怎能不短命！

（2）陕西、四川等地的兵屯。

顺治初，陕西已有兵屯。顺治十年（1653 年），清廷拨给陕西延绥镇、榆林道、神木道、靖边道等地步兵 1600 名、银 2932 两，重点加强陕北沿长城一线的兵屯。当年，屯兵收获糜子 6000 多石，初获成效。陕西兵屯在 3 年内就垦田 110 多万亩，在全国兵屯中名列前茅。

顺治五年（1648 年），清廷拨给四川 5 万两牛种银，购买了 1200 多头牛和 4000 多石种子，交给调去的军队和四川居民，责令他们在保宁、顺庆、龙安、潼川一带开发屯田。四川屯田的军队包括平西王吴三桂辖下的 3000 名屯种兵、从陕西汉中等 5 个州县调来的 1000 名卫所兵，加上土著军兵，共计 5000 人，分布在广元、昭化直到陕西的宁羌地区。兴屯道厅裁撤后，军屯仍保留了下来。

顺治年间的兵屯着眼于解决军食等临时性的需要，

不仅在地域上不普遍，而且制度也不规范，还常常因军情紧急或军队调防而中断屯垦。另外，有些地方如河南南阳、山西长子、四川宜宾和南溪等地的屯田并不像军屯。总之，清初的兵屯在影响上比兴屯制要小得多，也同样是短命的。

与兵屯类似的还有投诚兵丁的屯田。康熙六年（1667年）八月，清廷命驻扎在河南、山东、山西、江南、浙江数省的现役投诚兵预支半年俸饷作为牛种银，从第二年开始进行屯田，每人给田50亩，3年后起科纳税。此后不断安插投诚兵进行屯田。这些投诚兵丁一般都按其原属标营，在军官的统领下成批调发，并携带家属，因而往往成百上千，自然需要成片的荒地，因而出现安插上的困难。他们屯田所用的耕牛、种子也由政府预先贷给。进行屯田时，投诚兵受到军事性管理，在组织形式上类似于兵屯。但他们大体上按民田则例交纳赋税，并交到州县仓库。随着时间的推移，投诚兵的屯田逐渐与周围的民田相混杂而难以区分了。

清代的荒田主要是通过招集流民、给与优惠政策而开垦出来的，成绩非常显著。到康熙后期，承粮民田数达到或超过了明朝万历初年的水平，财政收入也大为增加，每年库存银达3000万~4000万两。到雍正、乾隆时，库存银更高达8000万两。与之相比较，屯田工作则大为逊色。顺治十年（1653年）开始兴屯时，清廷企图以此促进全国垦荒工作更快地发展，可惜仅3年就告失败，这给清统治者留下了十分深刻的教训，以后再也不搞大规模的屯田了。与此同时，清廷还推行军屯，但军屯本身并不成熟，只是权宜做法，不久也就中止了。后来，不断有人建议屯田，有的地方还具体实施了屯田，但随着人事的变迁，这些屯田也就无疾而终，有的人甚至还因此丢了官。

八旗兵丁并未参加屯田，他们在入关后仍沿袭关外的满族传统，通过圈地，以份地或庄田制的形式解决了生计问题。绿营兵在顺治、康熙时由于忙于征战，无暇去屯田，等战争结束，其驻防地带已无成片的荒地可供耕垦了。而清廷为防范绿营将帅跋扈，规定士兵世代当兵耕种，不得随意迁移，将帅随时升转调迁，这对绿营开展屯田也是一个不利因素。

 边疆及少数民族地区的屯田

兴屯运动失败后，清廷再未搞过大规模的屯田。随着时间的推移，内地的荒地也大多被开垦出来，可供作屯田的土地已所剩无几。康熙二十九年（1690年）至乾隆二十四年（1759年），清廷发动了平定新疆准噶尔部贵族叛乱的大规模军事行动。为了解决军粮问题，清廷在蒙古、外蒙古、甘肃和新疆地区开办了不少屯田。与此同时，清廷为加强对南方一些少数民族地区的控制，也在那里设立了一些屯田。

（1）边疆地区的屯田。

清廷统一蒙古后，一直对蒙古采取禁垦政策。康熙时，清廷停止圈地活动，在蒙古设立屯田庄田，令八旗兵丁耕地自食，并允许内地流民前往蒙古垦荒谋食。康熙三十三年（1694年），大将费扬古从新疆振旅凯还归化城，遂在大小黑河下游的善里、归化城附近开办屯田，募民耕种。乾隆元年（1736年），清廷把大青山以南的萨拉齐、托克托、归化、清河、和林格尔五厅土地全部纳入军屯范围，使归化屯田达到了高潮。在此以前，清廷已在外蒙古阿尔泰山东北的科布多、乌兰古木、察罕叟尔、鄂勒齐图杲勒、鄂尔坤、土拉、推河、拜克达里克和吉尔玛泰等地进行屯田。乾隆初，清廷扩大鄂尔坤屯田，并在胡克新、吉尔玛泰开辟出新的屯田点。不过，这时蒙古屯田已进入尾声。蒙古屯田在高潮时期，屯地曾达到近1000万亩。

雍正三年（1725年），清廷下令换班驻防的甘肃河西地区士兵进行屯田。随着战争的升级，卜隆吉、双塔、柳沟、赤金、靖逆、惠回和嘉峪关以东的九家窑、清湾、柔远堡、平川堡、毛目城、双树墩、九坝、柳林湖、昌宁湖等地都开办了屯田。乾隆初，嘉峪关以西的安西镇口外、哈密蔡巴什湖也出现了屯田。这些屯田以柳林湖屯田规模最大，达12万亩，共有屯丁2700人。

从康熙中期到乾隆二十二年（1757年），清廷陆续在新疆的巴里坤、哈密、吐鲁番、乌鲁木齐、都尔博勒津、哈喇乌苏、西吉木达里图、布隆吉、额尔齐斯、吉木萨、济尔玛台、罗克伦、玛纳斯、安济、哈雅晶、伊犁、空格斯、朱尔都斯、辟展、哈喇和卓、鲁克沁、托克、喀喇沙尔、木垒、阜康、昌吉、晶河等地开办了大量屯田，使新疆屯田有了很大的发展。乾隆二十五年（1760 年）以后，清廷为巩固平定准噶尔部叛乱的战果，经营开发新疆地区，在支持察哈尔、厄鲁特、索伦、锡伯、土尔扈特各部士兵发展游牧事业的同时，积极鼓励他们开展屯田，使新疆屯田进入全盛时期。到乾隆四十年（1775 年），新疆屯田土地总数已达到 1151800 亩。

此外，清廷为解决日益严重的旗人生计问题，停止圈地活动，在热河、东北等地开办了旗屯。到乾隆三年（1738 年），热河旗屯达到 200 万亩。东北是满族的根基重地，清初以来，朝廷就划出土地，允许旗人耕种。顺治时，奉天附近的旗地有 265 万多亩。到康熙三十二年（1693 年）已达 700 多万亩，30 年后又增至 800 多万亩。雍正以来，旗地不断向北发展。乾隆四十三年（1778 年），吉林全省旗地已有 2160 万亩。此后，东北旗地仍在增加。

实际参加边疆屯田的有绿营兵、八旗兵，也有民户、罪犯及边疆少数民族人。

屯田所需的耕牛、农具、种子等，一般都由政府提供，有时政府还供给路费、车辆等。

从民族成分上看，参加屯田的有汉人，也有满、蒙古、维吾尔、锡伯、索伦、察哈尔、厄鲁特、土尔扈特、和硕特等人。可以说，清中期边疆屯田是在各民族的共同努力下建立发展起来的。

清中期在蒙古、甘肃、新疆建立的屯田，首先是为了应付平定准噶尔战争的需要。随着战争的结束，外蒙古、蒙古、甘肃的屯田大部分改成民田，小部分则废弃不用，惟有新疆屯田保留了相当长的时间，有的直到清朝灭亡才告停顿。

清廷平定新疆后，在那里实行更大规模的屯田，分驻大军，设立将军，建立军镇，驻军所需的粮食主要靠屯田供给。伊犁常驻官兵近2万人，每年需用16万多石粮食，都靠当地的回屯、兵屯供给，还能剩下2万石。其他如塔尔巴哈台、乌鲁木齐、巴里坤、哈密、喀喇沙尔、乌什、阿克苏等地的驻军，也靠屯田来维持。因此，西北屯田的实行，加强了清政府对新疆的控制，增强了边防和抵御外来侵略的能力。

新疆尤其是北疆的经济以畜牧业为主，发展缓慢。清廷在新疆兴办屯田后，给那里带去了大批劳动力、先进的生产工具和技术，使当地的农业、畜牧业、手工业都有了较大程度的发展。像乌鲁木齐、伊犁等地，一批商业市镇随之兴起，成为"四达之区，字号店铺鳞次栉比，市衢宽敞，人民杂辏"、"繁华富庶甲于关外"、"比于吴会之盛"的政治经济中心。同时，各民族长期聚集在一起生产生活，相互交流，相互渗透影响，从而促进了民族融合。

到清中后期，经过各族人民的共同开发经营，新疆的经济、文化都取得了长足进步，新疆也进入到一个新的历史发展阶段。

（2）南方少数民族地区的屯田。

雍正以来，南方发生了几起反清斗争，清廷平定了那里的反抗后，设立军屯，以期加强对当地的控制。

　　黔东南屯田 乾隆元年（1736年），清廷镇压了贵州古州苗民的暴动，斩杀苗民3万人，随后决定建立一个兵农结合、战守划一的统治体系，以屯养军，以军制苗，正式设立军屯。

　　这里军屯的基本单位是卫，共有古州左卫等9个卫，卫的最高长官是千总，其下为百户（百总），百户下为总旗，辖50户，总旗下为小旗，辖10户。千总全权负责各卫的屯田和军事训练，各卫归所在州厅的同知、通判管辖，最后隶属于贵东兵备道。各卫都有10~22个屯堡，屯军驻于屯堡内，与卫互为表里。9个卫共有屯堡119座，驻有屯军8939名。各屯堡驻有为数不等的屯军，少的仅10户、12户、20户，多的可达200户或350户。屯军或来自驻防兵丁子弟，或由招募而来，主要的来自镇压苗民暴动时招募组建的5000名新兵。

　　每户屯军配给上等田6亩或中等田8亩或下等田10亩，称作一分田。屯军自垦的山头地角和不属苗界的土地都叫余田。不过，实际授田数并不如此，有的仅给6.3亩或中田7亩、下田8亩。清末时，9卫屯地共有56836亩，各卫最少的仅4482亩，最多的达9888亩。关于屯租，上等田每亩纳米1斗，中田0.8斗，下田0.6斗，有时也笼统地说每户屯军交租6斗。这比民户负担重得多，而屯租却不断上涨，黄施卫屯户田租后来上升到每亩4~5斗，后又涨至7斗；折征银也由0.8两递增至1.2两、1.4两。此外，余田也要纳粮。据记载，9卫正租有4000到1万多斗不等，共计5

万多斗；加耗有 770～1970 斗不等，共计 9570 斗；余
田租 190～3470 斗不等，通计 7110 斗。各类田租总共
7 万多斗，耗银还有 957 两余。这些屯租均交给千总，
存储在各卫，用于供应百户、总旗和小旗的俸食工银，
置办或更新屯堡旗仗和火药、铅丸等军需品的开支，
剩余的上缴布政司。总的来讲，古州屯田达到了以屯
养军的目的。此外，屯军还要参加军事训练。

古州屯军单独编造户籍，屯军必须遵守"屯规"，
否则将受处罚。屯田也严禁买卖，凡典卖屯田的，1 亩
以下笞 50，5 亩加一等，官田加二等。但事实上，由
于屯军内部不断发生贫富分化，外来客户不断侵蚀屯
田，使典卖屯地的事件有增无减，有的屯军最后只得
流亡。到宣统三年（1911 年），清廷正式裁撤屯田兵
丁，把屯丁屯田划归地方管理，从而结束了古州屯田。

四川金川土屯　乾隆十七年（1752 年），清廷平
定四川大渡河上游的大小金川藏民的叛乱，在那里设
立杂谷厅，推行土屯制度，设立杂谷脑等 5 屯。

杂谷屯丁都是土著藏民，称作屯练，分为"额
设"、"余丁"两种。每名（户）屯练分给 5～15 亩的
一分屯地，并配给房屋和武器。负责屯田的官员有守
备（屯总，9 名）、千总（总旗，10 名）、把总（大
旗，20 名）、外委（小旗，40 名）等，他们也分给 30
斗、25 斗、20 斗、15 斗可耕种面积的土地，并享有免
差的优待，还发给养赡俸银 8～24 两。5 屯共有屯地
16000 多亩，属国有，不得买卖。河坝地每 1 斗种子的
面积纳粮 17～20 斗，半山地 10 斗，高山地 5～6 斗，

共课粮 6530 多斗。这些屯粮都用于屯务开支和供给屯官作俸饷。后因屯丁立了大功，清廷从 3000 名额设中挑出一半作为正额，每人每年发给月饷 6 两，其余的作为余丁并在乾隆五十九年（1794 年）开始发给银 3 两。

乾隆四十一年（1776 年），清廷结束第二次金川之役，在那里设立懋功厅，设立 5 屯，使土屯制更加完善。参加屯田的有土著藏丁、从杂谷厅调入的屯练、绿营兵及招募来的汉民。每户兵丁、土著藏丁（番丁）、屯练、民户给田 30 亩，单身兵丁每人给田 15 亩。兵丁额定 3000 名，每 30 亩给牛 1 头、农具 1 副，并给第一年的口粮。屯练不足 200 户。民户成年者每天给盘费银 0.1 两，未成年的给 0.03 两，口粮每人 0.1 斗，种子 20 斗，房屋 1 座或折银 2 两，两户共给牛 1 头，还给一些农具，5 年内不用纳粮，此后每户纳粮 1.2 斗。遇到青黄不接时，还可从屯仓中借贷。因此，附近的民户踊跃应招参加屯田，使民户达到 2400 多户，种田 7 万多亩，纳粮 4700 多斗。总计 5 屯有兵民练番 7298 户，耕地 18 万多亩，纳粮 13000 多斗。

为加强对各屯的管理，清廷在懋功厅设同知一员总理屯政，其下设屯务、攒典、仓夫、斗级、仵作、通事、译字、差役等负责具体的屯务，与各屯的守备、千把总互为表里，构成一个严密的统治体系。

台湾的屯防和屯田　乾隆五十一年（1786 年），清廷镇压了台湾林爽文起义。为奖赏参战有功的几千名高山族壮丁，利用他们控制"尚未归化"的高山人，两年后，乾隆皇帝批准在台湾、凤山、彰化、淡水等县厅各番社中建立屯田和屯防。

全台设大屯4个、小屯8个，大屯屯丁有400名，小屯300名，合计4000人，都选自95个番社，分隶南北两路。南路隶属于南路协参将，其下设千总1名、把总1名、外委3名，有大屯1处、小屯2处，辖番社12个；北路隶属于北路协副将，下有千总1名、把总2名、外委13名，有大屯3处、小屯6处，辖番社83个。千把总和外委由各番社头目选任。

每名屯丁拨给接近内山的界外荒埔地1甲（合11亩多），千总10甲，把总5甲，外委3甲，作为"养赡"之用，免征赋税。不过，实际上有的地方的屯丁分得的屯地超过了1甲。总计12屯有屯地5084甲余。埔地一律严禁买卖，若需招纳汉人佃种，则要报同知批准。此外，尚有620多甲埔地招佃开耕，收取屯租，取作屯内赏恤之用。还有一些非法越界者私自开垦界址以外的土地，被清廷没收后，仍以原耕者为屯地佃家。

屯租按田和园两大类分为6等。6～1等田每甲纳租分别为80～220斗，6～1等园每甲纳租分别为20～100斗。这些屯租按每谷1石折番银1元的标准交纳，全台每年共收屯租4万多元，用于补贴屯弁屯丁生活和调拨口粮及救恤。屯租最初由官府统一征收，不久改为由屯弁自行经理，嘉庆二十年（1815年）又改由官府征收，并设立佃首，负责征租发饷，每年从屯租中拨给佃首辛劳银60元。

到嘉庆中后期，台湾屯田由于典卖隐匿，屯地已多不在屯丁手中。官府虽屡次清查，却难以收到实效。光绪十三年（1887 年），清廷被迫把屯租减至原来的 1/5，改为官租，与民田一样纳租。屯丁屯弁的"养赡田"也开始交纳屯丁赡养租。官租一律归承佃的小租户负担，作为大租户的屯丁屯弁必须拿出一部分租额补贴小租户。至此，台湾屯田已面目全非。

湘西的屯防制度 湘西屯田土地来源很复杂，一部分是均出田，也叫士民乐均田，即从民田中匀出一部分土地作屯田之用；一部分是归公田，即所谓被苗民强占而又夺回并且业主自愿归公的民田；一部分是苗民起义中当地官商百姓当给苗民的土地，由官府赎回后归公充作屯田；一部分是没收苗民的"叛田"；一部分是归顺的上层苗弁献出的私田和历年争占田；一部分是屯丁及家属额外开垦的田土。各类田土总计有 13 万多亩。到嘉庆十六年（1811 年），湘西屯地增加到 15 万多亩。

参加屯田的军丁有 7000 人，散丁每人给田 4.5 亩，小旗 5.5 亩，总旗 6.5 亩，百总 7.5 亩，共计军屯土地有 32690 亩，另外又拨给 336 亩，均分给屯丁，作为调剂补足之用。屯丁的土地属私有，总旗、小旗和百总比屯丁多分得的土地不属私有，其职务变动时应交出多余的屯地。在开始耕种时，官府还发给屯丁耕牛、农具和房屋，并拨给一些荒地，以资补贴。官府还在凤凰等 7 县厅设立 40 名总屯长和 160 名散屯长，命他们负责管理这些招佃的屯地，并且分给每名总屯长田 15 亩、散屯长 7.5 亩。

屯军的编制仿照古州 9 卫，设有小旗、总旗、百总、千总管带屯军，各地屯军归所在厅县管辖，最后统属于辰沅永靖道。此外，还配备守备、把总、外委、额外外委等官弁，经办各项屯务。

除了屯田，屯军还要进行军事训练。他们都是湘西土著人，清廷利用他们进行屯田，目的在于使他们与捐田者（屯军亲族子弟）勾连在一起，实际上并未失去土地，从而减少了矛盾；而无业贫民参加屯军屯田，也免除了难以管束的麻烦。另外，他们以土著守故土，加强了他们"共保藩篱"的意识，可谓一石三鸟，收到了一定的实效。

对于军屯以外的屯地，清廷采取招佃出租、收取租银的方式。所收屯租银主要用于屯防工事的修葺、屯丁和练勇的生活补贴、屯丁和练勇的军事操练、屯丁练勇子弟义学和屯苗义学的教育开支，以及支付新增加的守备、把总、外委等官员的薪饷，支付加增书院、义学和修葺城工等项的费用等。所有这些租谷银两的经催、存支都由屯长、屯守备、千总、把总、外委等官统一经管。

此外，清廷还设立苗兵，建立苗屯。苗兵共有5000 名，分散在凤凰厅、乾州厅、永绥厅、古丈坪厅、保靖县等地。每名苗兵每年给口粮 36 斗，共计 18 万斗，均从 3.5 万亩苗屯中开支。嘉庆十二年（1807年），清廷又拨给苗屯地 7000 多亩，用以支付苗兵添置火药、号衣帽等的开支。苗屯都招佃耕种，由苗弁自行收取存储屯租。

上述各项屯田土地的来源很复杂，清廷对屯地的控制程度亦有所不同。作为口粮田分给屯丁的属于国有，不得买卖，屯丁只有使用权。对于"招佃输租"的屯田，基本上应属于佃户领种官田的性质，但因捐田户子孙可优先占有屯田，国家对这部分土地的控制明显松弛。苗屯土地有许多是苗弁"献出"的，他们以此取得了补拨苗官、苗弁的优先权，这些土地因而具有浓厚的私有色彩。

民屯和苗屯都是招佃出租。一般说来，水田每年收稻谷 10 斗左右，山地旱田收杂粮 2 斗到 3 斗、4 斗，特殊的收谷 18 斗或数升。这些屯租约占产量的一半以上，比民田地租高出 10 多倍，这还不包括额外盘剥，因而屯民往往拖欠屯租，迫使清廷不断减少屯租额。嘉庆十九年（1814 年）以前为 150 万多斗，至道光二十八年（1848 年）仅为 70 万多斗。清廷减免租额是无奈的举动，目的在于使屯田能维持下去，并非是发慈悲心肠。

除了湘西，清廷还在贵州松桃厅建立了 2300 多亩的屯田，规模并不大，只是湘西屯田的补充。

参考书目

1. 张君约：《历代屯田考》，商务印书馆，1939。

2. 杨向奎、孙言诚、张泽咸、王毓铨、郭松义等：《中国屯垦史》，文津出版社，1997。

3. 张春树：《古代屯田制度的原始与西汉河西西域边塞上屯田制度之发展过程》，台湾联经出版事业公司。

4. 王毓铨：《明代的军屯》，中华书局，1965。

5. 彭雨新：《清代土地开垦史》，农业出版社，1990。

6. 王希隆：《清代西北屯田研究》，兰州大学出版社，1990。

后　记

　　本书在编写过程中，吸收了许多专家学者的研究成果，郭松义、张泽咸、商传、定宜庄、吴玉贵、孟艳红等先生提供了大量资料，并提出了许多宝贵意见，郭松义先生还在百忙之中抽出时间通看了全稿。没有他们的帮助，本书是难以编写出来的，谨在此向诸位先生致以深深的谢意。

《中国史话》总目录

系列名	序号	书名	作者
物质文明系列（10种）	1	农业科技史话	李根蟠
	2	水利史话	郭松义
	3	蚕桑丝绸史话	刘克祥
	4	棉麻纺织史话	刘克祥
	5	火器史话	王育成
	6	造纸史话	张大伟　曹江红
	7	印刷史话	罗仲辉
	8	矿冶史话	唐际根
	9	医学史话	朱建平　黄　健
	10	计量史话	关增建
物化历史系列（28种）	11	长江史话	卫家雄　华林甫
	12	黄河史话	辛德勇
	13	运河史话	付崇兰
	14	长城史话	叶小燕
	15	城市史话	付崇兰
	16	七大古都史话	李遇春　陈良伟
	17	民居建筑史话	白云翔
	18	宫殿建筑史话	杨鸿勋
	19	故宫史话	姜舜源
	20	园林史话	杨鸿勋
	21	圆明园史话	吴伯娅
	22	石窟寺史话	常　青
	23	古塔史话	刘祚臣

系列名	序 号	书 名	作 者
物化历史系列（28种）	24	寺观史话	陈可畏
	25	陵寝史话	刘庆柱 李毓芳
	26	敦煌史话	杨宝玉
	27	孔庙史话	曲英杰
	28	甲骨文史话	张利军
	29	金文史话	杜 勇 周宝宏
	30	石器史话	李宗山
	31	石刻史话	赵 超
	32	古玉史话	卢兆荫
	33	青铜器史话	曹淑芹 殷玮璋
	34	简牍史话	王子今 赵宠亮
	35	陶瓷史话	谢端琚 马文宽
	36	玻璃器史话	安家瑶
	37	家具史话	李宗山
	38	文房四宝史话	李雪梅 安久亮
制度、名物与史事沿革系列（20种）	39	中国早期国家史话	王 和
	40	中华民族史话	陈琳国 陈 群
	41	官制史话	谢保成
	42	宰相史话	刘晖春
	43	监察史话	王 正
	44	科举史话	李尚英
	45	状元史话	宋元强
	46	学校史话	樊克政
	47	书院史话	樊克政
	48	赋役制度史话	徐东升
	49	军制史话	刘昭祥 王晓卫

系列名	序号	书 名	作 者
制度、名物与史事沿革系列（20种）	50	兵器史话	杨 毅　杨 泓
	51	名战史话	黄朴民
	52	屯田史话	张印栋
	53	商业史话	吴 慧
	54	货币史话	刘精诚　李祖德
	55	宫廷政治史话	任士英
	56	变法史话	王子今
	57	和亲史话	宋 超
	58	海疆开发史话	安 京
交通与交流系列（13种）	59	丝绸之路史话	孟凡人
	60	海上丝路史话	杜 瑜
	61	漕运史话	江太新　苏金玉
	62	驿道史话	王子今
	63	旅行史话	黄石林
	64	航海史话	王 杰　李宝民　王 莉
	65	交通工具史话	郑若葵
	66	中西交流史话	张国刚
	67	满汉文化交流史话	定宜庄
	68	汉藏文化交流史话	刘 忠
	69	蒙藏文化交流史话	丁守璞　杨恩洪
	70	中日文化交流史话	冯佐哲
	71	中国阿拉伯文化交流史话	宋 岘

系列名	序号	书　名	作　者
思想学术系列（21种）	72	文明起源史话	杜金鹏　焦天龙
	73	汉字史话	郭小武
	74	天文学史话	冯　时
	75	地理学史话	杜　瑜
	76	儒家史话	孙开泰
	77	法家史话	孙开泰
	78	兵家史话	王晓卫
	79	玄学史话	张齐明
	80	道教史话	王　卡
	81	佛教史话	魏道儒
	82	中国基督教史话	王美秀
	83	民间信仰史话	侯　杰
	84	训诂学史话	周信炎
	85	帛书史话	陈松长
	86	四书五经史话	黄鸿春
	87	史学史话	谢保成
	88	哲学史话	谷　方
	89	方志史话	卫家雄
	90	考古学史话	朱乃诚
	91	物理学史话	王　冰
	92	地图史话	朱玲玲
文学艺术系列（8种）	93	书法史话	朱守道
	94	绘画史话	李福顺
	95	诗歌史话	陶文鹏
	96	散文史话	郑永晓
	97	音韵史话	张惠英
	98	戏曲史话	王卫民
	99	小说史话	周中明　吴家荣
	100	杂技史话	崔乐泉

系列名	序号	书名	作者
社会风俗系列（13种）	101	宗族史话	冯尔康　阎爱民
	102	家庭史话	张国刚
	103	婚姻史话	张　涛　项永琴
	104	礼俗史话	王贵民
	105	节俗史话	韩养民　郭兴文
	106	饮食史话	王仁湘
	107	饮茶史话	王仁湘　杨焕新
	108	饮酒史话	袁立泽
	109	服饰史话	赵连赏
	110	体育史话	崔乐泉
	111	养生史话	罗时铭
	112	收藏史话	李雪梅
	113	丧葬史话	张捷夫
近代政治史系列（28种）	114	鸦片战争史话	朱谐汉
	115	太平天国史话	张远鹏
	116	洋务运动史话	丁贤俊
	117	甲午战争史话	寇　伟
	118	戊戌维新运动史话	刘悦斌
	119	义和团史话	卞修跃
	120	辛亥革命史话	张海鹏　邓红洲
	121	五四运动史话	常丕军
	122	北洋政府史话	潘　荣　魏又行
	123	国民政府史话	郑则民
	124	十年内战史话	贾　维
	125	中华苏维埃史话	杨丽琼　刘　强
	126	西安事变史话	李义彬
	127	抗日战争史话	荣维木

系列名	序号	书名	作者	
近代政治史系列（28种）	128	陕甘宁边区政府史话	刘东社	刘全娥
	129	解放战争史话	朱宗震	汪朝光
	130	革命根据地史话	马洪武	王明生
	131	中国人民解放军史话	荣维木	
	132	宪政史话	徐辉琪	付建成
	133	工人运动史话	唐玉良	高爱娣
	134	农民运动史话	方之光	龚 云
	135	青年运动史话	郭贵儒	
	136	妇女运动史话	刘 红	刘光永
	137	土地改革史话	董志凯	陈廷煊
	138	买办史话	潘君祥	顾柏荣
	139	四大家族史话	江绍贞	
	140	汪伪政权史话	闻少华	
	141	伪满洲国史话	齐福霖	
近代经济生活系列（17种）	142	人口史话	姜 涛	
	143	禁烟史话	王宏斌	
	144	海关史话	陈霞飞	蔡渭洲
	145	铁路史话	龚 云	
	146	矿业史话	纪 辛	
	147	航运史话	张后铨	
	148	邮政史话	修晓波	
	149	金融史话	陈争平	
	150	通货膨胀史话	郑起东	
	151	外债史话	陈争平	
	152	商会史话	虞和平	
	153	农业改进史话	章 楷	
	154	民族工业发展史话	徐建生	
	155	灾荒史话	刘仰东	夏明方
	156	流民史话	池子华	
	157	秘密社会史话	刘才赋	
	158	旗人史话	刘小萌	

系列名	序号	书名	作者	
近代中外关系系列（13种）	159	西洋器物传入中国史话	隋元芬	
	160	中外不平等条约史话	李育民	
	161	开埠史话	杜 语	
	162	教案史话	夏春涛	
	163	中英关系史话	孙 庆	
	164	中法关系史话	葛夫平	
	165	中德关系史话	杜继东	
	166	中日关系史话	王建朗	
	167	中美关系史话	陶文钊	
	168	中俄关系史话	薛衔天	
	169	中苏关系史话	黄纪莲	
	170	华侨史话	陈 民	任贵祥
	171	华工史话	董丛林	
近代精神文化系列（18种）	172	政治思想史话	朱志敏	
	173	伦理道德史话	马 勇	
	174	启蒙思潮史话	彭平一	
	175	三民主义史话	贺 渊	
	176	社会主义思潮史话	张 武 张艳国	喻承久
	177	无政府主义思潮史话	汤庭芬	
	178	教育史话	朱从兵	
	179	大学史话	金以林	
	180	留学史话	刘志强	张学继
	181	法制史话	李 力	
	182	报刊史话	李仲明	
	183	出版史话	刘俐娜	

系列名	序　号	书　名	作　者
近代精神文化系列（18种）	184	科学技术史话	姜　超
	185	翻译史话	王晓丹
	186	美术史话	龚产兴
	187	音乐史话	梁茂春
	188	电影史话	孙立峰
	189	话剧史话	梁淑安
近代区域文化系列（11种）	190	北京史话	果鸿孝
	191	上海史话	马学强　宋钻友
	192	天津史话	罗澍伟
	193	广州史话	张　苹　张　磊
	194	武汉史话	皮明庥　郑自来
	195	重庆史话	隗瀛涛　沈松平
	196	新疆史话	王建民
	197	西藏史话	徐志民
	198	香港史话	刘蜀永
	199	澳门史话	邓开颂　陆晓敏　杨仁飞
	200	台湾史话	程朝云

《中国史话》主要编辑
出版发行人